gutes leben
bene!

Margot Käßmann

Nur Mut!

Die Kraft der Besonnenheit
in Zeiten der Krise

INHALT

ZU BEGINN 6

ACHTSAMKEIT 13 // BESONNENHEIT 16

BETEN 21 // CHARAKTER 24

DANKBARKEIT 27 // FAMILIE 31 // FREIHEIT 35

FREUNDSCHAFT 40 // FÜRSORGE 43

GEDULD 47 // GENÜGSAMKEIT 49

GLAUBE 54 // GOTTESDIENST 58

HALTUNG 63 // HOFFNUNG 66

KREATIVITÄT 69 // LACHEN 71 // LIEBE 74

MITGEFÜHL 77 // MUT 80

NACHDENKLICHKEIT 84 // NÄCHSTENLIEBE 88

RESPEKT 91 // SEELSORGE 93

SOLIDARITÄT 96 // TROST 99

UNSCHULD 102 // VERANTWORTUNG 105

VERTRAUEN 108 // VORFREUDE 112

WAHRHEIT 115 // WERTSCHÄTZUNG 119

ZUVERSICHT 122

ZU BEGINN   Völlig unerwartet wurde von Tag zu Tag alles anders. Gestern noch waren wir sorglos unterwegs, trafen uns nachmittags mit Freundinnen im Café oder nach Feierabend beim Italiener. Die Kinder kamen mittags aus Kita und Schule und tobten danach erst einmal eine Weile auf dem Spielplatz. Und der morgendliche Weg auf die Arbeit verlief wie immer.

Corona – das war ein Virus, der vor allem die Menschen in China tangierte. Wuhan war monatelang abgeriegelt, und wir dachten: So etwas kann es nur in einem Land wie China geben. Aber plötzlich mehrten sich auch hierzulande schlagartig die Erkrankungen. Erste Warnungen wurden laut. In Tirol gingen die Après-Ski-Partys trotzdem munter weiter, gerade eben hatten Millionen von Menschen noch Karneval miteinander gefeiert. Nun tauchten jeden Tag neue Schreckensbilder in den Medien auf: Menschen in Schutzkleidung an Krankenbetten. Infektionskurven. Pandemiepläne. Särge in Italien von Militärlastwagen transportiert, weil die Krematorien überfüllt waren.

Und dann kam der Shutdown. Ein Wort, das vorher in meinem Wortschatz nicht vorkam. Ein plötzliches Herunterfahren der Aktivitäten, eine Vollbremsung des gesellschaftlichen Lebens, die uns erschütterte: Die Schulen, die Kindergärten und die meisten Geschäfte mussten schließen. Menschenansammlungen, Vereinsaktivitäten, Konzerte, Kinovorführungen, Fußballspiele – alles wurde verboten und abgesagt. Und wir sollten möglichst zu Hause bleiben, um einander zu schützen. Von einem auf den anderen Tag steckten Millionen Menschen weltweit in einer tiefen Krise bislang ungeahnten Ausmaßes. Das war Anfang des Jahres noch völlig unverstellbar.

In den letzten Wochen und Monaten haben mir sehr viele Menschen geschrieben und mit mir ihre Sorgen und Ängste geteilt.

Was können wir tun, wenn alte Gewissheiten weggebrochen sind? Wo finden wir Orientierung, wenn wir jeden Tag mit schlechten Nachrichten und neuen Sorgen konfrontiert werden? Wie können wir uns stärken, wenn unsere Seele leidet?

Für viele Menschen hat sich der christliche Glaube als Lebenskraft erwiesen. Die alten Worte, Geschichten und Texte der Bibel haben sie getröstet und ermutigt. Als Seelsorgerin geht es mir darum, Zuversicht zu vermitteln, Hoffnung weiterzutragen. Menschen zu trösten, ihnen Mut zu machen, Anregungen zu geben, wie sich eine Krise durchstehen lässt. Deshalb habe ich gerne zugesagt, als ich gebeten wurde, dies auch mit diesem kleinen Buch zu tun, das nun vor Ihnen liegt.

Dass in der Krise gleichzeitig auch eine Chance liegt, scheint vielen gar zu banal angesichts ihrer persönlichen Lage. Aber es liegt trotzdem Wahrheit in dem Satz. Viele Menschen besinnen sich momentan auf das Wesentliche, nämlich die Frage nach dem Sinn, dem wirklich Wichtigen im Leben, das eben nicht käuflich ist. Oder auch auf die eigene begrenzte Lebenszeit. Wie schön, dass sich plötzlich alte Freundinnen und Freunde melden, Familien enger zusammenrücken. Und dass auch für diejenigen gesorgt wird, die alleine leben.

Natürlich gibt es neben all dem Positiven in Zeiten der Krise auch Verzweiflung, Egoismus, Rücksichtslosigkeit. Es zeigen sich Bosheit und Falschmeldungen, die absichtlich verunsichern oder aufwiegeln wollen. Aber mir scheint insgesamt, die Mitmenschlichkeit hat die Oberhand behalten und bringt neue Ideen mit sich.

Die Krise wird noch länger andauern. Und wir werden vermutlich lange Zeit brauchen, um uns von den Auswirkungen der Corona-Pandemie zu erholen. Viele Menschen sind an den Folgen der Viruserkrankung gestorben, andere wurden dauerhaft geschädigt. Auch die Erfahrung von Einsamkeit oder häuslicher Gewalt wird viele langfristig belasten. Die Wirtschaft hat weltweit gravierende Einbrüche erlitten, viele Arbeitsplätze sind verloren gegangen, weitere sind gefährdet, und jede Menge Betriebe stehen vor der Insolvenz. Und wir alle machen uns Sorgen, wie es weitergeht.

Im Herbst 2020, als ich mir die Texte dieses Buches für eine überarbeitete Neuauflage nochmals ansehe, haben wir mit einer zweiten Infektionswelle zu kämpfen. Viele schauen sorgenvoll auf die steigenden Zahlen. Und es ist klar, dass wir uns noch sehr lange mit dem Virus beschäftigen müssen.

Zukunftsängste beschäftigen uns wie schon lange nicht mehr: Wann wird ein Impfstoff gegen die Viruserkrankung gefunden? Wann werden Medikamente verfügbar sein? Grassiert dann nicht vielleicht bereits eine mutierte Form des Virus, oder uns überrollt eine andere Krankheitswelle? Und auch die »alten« Sorgen sind ja nicht verschwunden! Welche Auswirkungen wird der Klimawandel haben? Wie ergeht es den Flüchtlingen? Wird Europa sich als solidarisch erweisen? Fragen über Fragen.

Angesichts all dessen macht es mir Mut, in der Bibel zu lesen und zu wissen, dass ich meine Sorgen und die Nöte anderer vor Gott bringen kann, wie schon viele Generationen vor uns. Am stärksten begleitet mich derzeit ein Vers aus dem 2. Timotheusbrief, der für mich eine Art Anker geworden ist: »Gott hat uns nicht gegeben den Geist der Furcht, sondern der Kraft und der Liebe und der Besonnenheit.« Wenn wir das beherzigen, gewinnen wir inneren Frieden, davon bin ich zutiefst überzeugt. Und wir dürfen nach vorn schauen auf das, was nach der Zeit der Krise kommt.

In der Betrachtung einiger Begriffe, die zum Teil wie aus der Zeit gefallen erscheinen, möchte ich mit Ihnen einige Gedanken teilen, die wir angesichts der Krise brauchen können. Sozusagen ein kleines, unvollkommenes Abc der Besonnenheit, von Achtsamkeit bis Zuversicht. Es ist bewusst kein Abc von Angst bis Zahlungsunfähigkeit, auch wenn ich um die vielen Sorgen und Nöte weiß. Wir brauchen eine positive Grundhaltung, davon bin ich überzeugt. Das stärkt das Immunsystem, sagen auch Ärzte und Psychologen.

Ich wünsche Ihnen Besonnenheit, viel Kraft in dieser Zeit und die Gewissheit, dass Sie sich von der Liebe Gottes und der Liebe anderer Menschen getragen fühlen dürfen, was immer geschieht.

Margot Käßmann, November 2020

ACHTSAMKEIT   In einer Umfrage erklärten 49 Prozent der Deutschen, sie seien überzeugt, nach der Erfahrung der Coronakrise würden sie achtsamer leben. Achtsamkeit ist ein sehr schöner Begriff, finde ich. Es geht darum, bewusst die Gegenwart wahrzunehmen. Und das haben uns die Tage des Shutdown vielleicht gelehrt: genauer hinsehen, sich an kleinen Dingen freuen, wertschätzen, was gerade ist. Denn auf einmal war ja vieles nicht mehr möglich, das Treffen mit Freundinnen und Freunden, etwas Schönes miteinander unternehmen: ein Einkaufsbummel, der spontane Besuch im Café oder die Verabredung zum Abendessen. Erst als es fehlte, haben wir wirklich gemerkt, was uns manches, das bis vor Kurzem Alltag war, bedeutet – und was uns wirklich wichtig ist. Auf das eine oder andere konnte ich persönlich recht gut verzichten. Aber liebe Menschen nicht mehr zu sehen, das fiel mir schwer. Doch ich wusste: Das Zu-Hause-Bleiben ist notwendig. Achtsamkeit bedeutet ja auch: auf andere achten.

Bei all dem Erschrecken über das Virus und die vielen Fragen, was die Folgen der Coronakrise für uns letztlich bedeuten, gibt es aber auch viele gute und mutmachende Geschichten, deren wir uns bewusst sein sollten: Menschen achten neu und sensibel darauf, wie es anderen geht. Die alte Nachbarin wird von jungen Menschen gefragt, ob sie etwas braucht, was sie ihr vom Einkauf mitbringen können. Eine Cateringfirma nimmt wahr, dass die Mitarbeiterinnen im Krankenhaus kaum zum Einkaufen kommen, weil so viel gleichzeitig zu tun ist, und bringt deshalb belegte Brötchen vorbei. Und ich denke auch an all die Menschen, die nachfragen und einfach hören wollen, ob es einem gut geht – das sind schöne Erfahrungen. So viel ist in Bewegung gekommen!

Achtsamkeit – Aufmerksamkeit für unser Leben und Aufmerksamkeit für andere. Läuft der Alltag so vor sich hin, nehmen wir vieles nicht mehr wahr. Zum Beispiel, wie toll es ist, dass Busse, Bahnen und Züge planmäßig fahren. Und ja, der Zug hat heute ein paar Minuten Verspätung, was macht das schon? Wir sind froh, dass er überhaupt fährt, weil vieles andere eingestellt ist. Großartig, dass die Müllabfuhr kommt und die Tonnen lehrt. Toll, dass Pakete geliefert werden. Danke, dass die Bäckerei geöffnet hat. All das nehmen wir plötzlich positiv wahr! Ich möchte nicht schönreden, was die Krisensituation auch alles an Angst und Problemen mit sich bringt. Aber wenn sie mehr Achtsamkeit auslöst, ist es ein Grund zur Dankbarkeit.

BESONNENHEIT Auch in angespannten oder emotionalen Situationen nicht unüberlegt oder allzu schnell zu handeln, sondern angemessen und in Ruhe zu reagieren – das ist Besonnenheit. Es gilt, sich nicht von Gefühlen mitreißen zu lassen, sondern erst zu denken, dann zu handeln.

Besonnenheit scheint mir der passende Begriff für eine angemessene Haltung zwischen Sorglosigkeit und Panik. Denn wir dürfen die Augen nicht vor den Gefahren verschließen. Es gilt Rücksicht zu nehmen und vor allem die Alten und Schwachen zu schützen. Aber Panik ist nicht angesagt, denn sie verführt zu Kurzschlussreaktionen.

Besonnenheit als Lebenshaltung auch in einer Zeit voller Schreckensmeldungen gefällt mir gut. Es geht darum, wahrzunehmen, was zu tun ist, und sich dabei nicht von den eigenen Ängsten beherrschen zu lassen. Wenn wir angesichts einer krisenhaften Situation oder Bedrohung panisch reagieren, birgt dies immer auch die Gefahr, weit über das eigentliche Ziel hinauszuschießen und uns selbst oder anderen zu schaden.

Einige Beispiele: Es ergibt Sinn, sich durchaus einige Vorräte anzulegen, allein damit wir in Zeiten der Corona-Pandemie nicht jede Woche mehrfach einkaufen gehen und damit die Ansteckungsgefahr erhöhen. Und ja, einiges ist in Krisenzeiten schwer oder gar nicht erhältlich. Das ist nicht zu ändern. Aber manches, was in den letzten Wochen und Monaten Mangelware war, brauchten wir auch nicht zwingend, um zu überleben – oder? Als ich in einem Interview gefragt wurde, was ich zum Hamstern von Toilettenpapier denke, habe ich gesagt: Solange es Wasser und Waschlappen gibt, verstehe ich das nicht. Das stimmt doch auch! In vielen Kulturen gibt es gar kein Toilettenpapier!

Und wenn es im Supermarkt zum Beispiel gerade keine Nudeln gibt, geht die Welt davon auch nicht unter. Es gibt ja noch Kartoffeln, Reis und andere Lebensmittel. Die Grundversorgung ist gesichert.

Das eigene Kellerregal bis zum Anschlag mit Mehl, Konserven und anderen Dingen zu füllen – und Nachbarn, Alte, Schwache und Kranke, die nicht so schnell oder so mobil sind wie ich, leer ausgehen zu lassen – das ist schlicht unsolidarisch. Besonnen zu handeln heißt, sich durchaus einen angemessenen, kleinen Vorrat für einige Tage anzulegen, aber auf Panikkäufe zu verzichten, damit es für alle reicht.

Besonnenheit bedeutet auch, nicht reflexartig krude Thesen und Gerüchte über die »sozialen Medien« zu verbreiten, keine wilden Spekulationen und Verschwörungstheorien in Umlauf zu bringen und meine eigenen Informationsquellen mit Bedacht und Verstand auszuwählen. Es hat mich bestürzt, was mir andere Menschen an Nachrichten zugeschickt haben. Vieles war schlicht beleidigend, rassistisch oder antisemitisch.

Mich beeindruckt, wenn diejenigen, die Entscheidungen zu treffen hatten und haben, überlegt und ruhig daherkommen. Ich bin froh, dass in Deutschland besonnene Personen Politik machen. Es wurde deutlich, wie gut es ist, in einem Land zu leben, das nicht von großmäuligen Blendern oder kraftstrotzenden Machos regiert wird, sondern von eher ruhigen Menschen, die manchmal als langweilig diskreditiert werden. Da geht es nicht um Parteipolitik, sondern um die Frage, wer Vertrauen erweckt. Weder in einen Donald Trump noch in einen Xi Jinping könnte ich Vertrauen setzen.

Ja, es kann sein, dass einige Politiker hier oder da etwas falsch entschieden oder im Rückblick betrachtet einfach verkehrt eingeschätzt haben. Das ist menschlich und verzeihlich. Aber sie werden besonnen entschieden haben, nach bestem Wissen und Gewissen. Darauf vertraue ich. Und dass sie um Besonnenheit wirklich gerungen haben, macht sich allein an der Wortneuschöpfung »Öffnungsdiskussionsorgien« fest.

BETEN   Ich bin dankbar, dass ich beten kann. So trage ich meine Sorgen vor Gott. Das Gebet ist ein Gesprächsfaden, ein Sich-Anvertrauen, ein vertrautes Miteinander, das sich bei mir mit den Lebensjahren vertieft hat. Ich bete für Menschen, die ich liebe. Und auch für andere Menschen in Nähe und Ferne, besonders für diejenigen, die ich in Angst und Not weiß. Ich bete für die Obdachlosen, die nicht, wie angesichts der Pandemie gefordert, zu Hause bleiben können, weil sie gar kein Zuhause haben. Ich bete für Familien, in denen Streit herrscht, dass Frieden einzieht. Für die Kinder, die sich angesichts von Gewalt nicht schützen können. Ich bete für Menschen, die nicht mehr ein und aus wissen und sich mit dem Gedanken tragen, angesichts der Krise Selbstmord zu begehen – dass sie sich Hilfe suchen und Hilfe bekommen. Und ich bete für die fernen Nächsten: Menschen, die ich in Ruanda, Brasilien, in den USA oder in Indien kennengelernt habe. Sie sind bei Weitem nicht so privilegiert und abgesichert wie wir hier in Deutschland.

Ich bin zutiefst überzeugt, dass Gebete die Welt zum Guten hin prägen können.

Und Beten verändert uns auch selbst. Wir finden Worte für unsere Anliegen, bringen vor Gott, was uns bedrängt. Wir treten ein wenig zurück von unserem Kreisen um uns selbst, vertrauen uns mit all unseren Gefühlen einem Gegenüber an, das es gut mit uns meint. Das nimmt uns das Gefühl der Hilflosigkeit.

Den Menschen in den Flüchtlingslagern in Griechenland und in anderen Ländern der Erde in ihrer Not kann ich nur bedingt helfen. Ja, ich kann Petitionen unterzeichnen, Protestbriefe schreiben, Geld spenden. Das tue ich auch immer wieder, ebenso wie viele andere. Aber mein Mitgefühl, meine Empathie schicke ich zu Gott und bitte um

Schutz und Unterstützung. Manche belächeln das. Aber ich habe erlebt, dass es Christinnen und Christen in El Salvador, Bangladesch oder Uganda etwas bedeutet, zu wissen: Wir beten für sie. Da entsteht eine Verbindung: Wir denken an euch. Ihr seid uns nicht gleichgültig.

CHARAKTER Eine Krise ist immer auch ein Charaktertest. Wie stets gibt es Krisengewinnler. Schutzmasken waren zwischendurch um 3000 Prozent im Preis gestiegen, weil angesichts der Knappheit manche aus der großen Angst ein Riesengeschäft machen wollten.

In Krankenhäusern, Lagerhallen und auf dem Transportweg vom Hersteller zum Besteller sind viele Millionen Masken verschwunden. Ich frage mich: Wer klaut denn Schutzmasken auf einer Kinderkrebsstation? Das darf eigentlich gar nicht wahr sein. Der Gedanke, Profit auf Kosten von Kindern zu machen, die an Krebs erkrankt sind, ist doch zutiefst empörend. Dass sich Leute an der Angst und Not anderer bereichern, das ist erbärmlich.

Aber es gab und gibt auch so wunderbar positive Meldungen. In Heinsberg etwa, einem Ort, der traurige Bekanntheit erlangte, weil nach einer Karnevalsveranstaltung sehr viele Menschen erkrankt waren, wurden diese in der Zeit ihrer Quarantäne von den Nachbarn versorgt. Der Landrat, ein offensichtlich besonnener, tatkräftiger Mann, lief zu Höchstform auf und kümmerte sich sieben Tage die Woche von früh bis spät um alles, was zu tun war. Immer wieder wurden neue Maßnahmen entwickelt und Hilfsprojekte angeschoben. Und es gab eine Studie, durch die sich die Verbreitung des Virus nachvollziehen ließ, um mit Blick auf andere Fälle daraus zu lernen.

Charakter zeigt sich auch in der Großzügigkeit, im Geben: Musiker, ganze Orchester gaben Konzerte, die im Netz kostenfrei gesehen und gehört werden konnten. Spitzenköche haben kostenlos für Klinikpersonal, Feuerwehrleute und Polizisten gekocht. Und an vielen Stellen in unserem Land wurde schnell und unbürokratisch geholfen.

In einer Ansprache hat Bundeskanzlerin Angela Merkel erklärt, unsere Solidarität, unsere Vernunft und unser Herz füreinander seien auf eine Probe gestellt. Nach meinem Eindruck haben wir die Probe zum größten Teil bestanden.

Ja, es wurde auch gehetzt und gepöbelt. Da fehlt bei einigen schlicht der Anstand, und das Grundgefühl, dass wir auch füreinander Sorge zu tragen haben, ist verloren gegangen. Doch mehrheitlich sind die Menschen fürsorglich miteinander umgegangen, und es gab auch Empörung am richtigen Fleck. Als Großunternehmen mit hohem Umsatz wie Adidas und Deichmann erklärten, ihre Mieten ab sofort nicht mehr zu bezahlen, gab es einen kollektiven, öffentlichen Aufschrei. Die Unternehmen mussten zurückrudern. Adidas hat sich in einer ganzseitigen Zeitungsanzeige entschuldigt. Auch das aber zeigt Charakter, finde ich: sagen, dass wir einen Fehler gemacht haben.

DANKBARKEIT Das gab es seit Jahrzehnten nicht: dass hierzulande bestimmte Waren tagelang nicht im Handel verfügbar sind. Dass es plötzlich kein Mehl gibt, keine Hefe, keine Nudeln, keinen Reis oder kein Toilettenpapier – das kann doch nicht sein! Die permanente Verfügbarkeit war bislang selbstverständlich. Und nun wurde das Vertrauen, dass dies auch ein für alle Mal so bleibt, tief erschüttert. Einige erinnerten sich wieder an die Schilderungen von Mangelerfahrungen, von denen ihre Eltern und Großeltern, die Kriegs- und Nachkriegsgeneration, erzählt hatten. Ostdeutsche meiner Generation kannten so etwas noch aus DDR-Zeiten: anstehen, um etwas Bestimmtes zu bekommen. Das gehörte für sie viele Jahre lang zur Tagesordnung. Aber die Jungen?

Wenn immer alles greifbar ist, wenn niemand sich Sorgen machen muss, ob etwas verfügbar ist, entwickelt sich ein Gefühl großer Sicherheit. Alles scheint planbar. Wir planen den Einkauf, den nächsten Urlaub oder die berufliche Karriere. Dann kommt etwas Gravierendes dazwischen. Plötzlich ist alles anders. Und es entsteht eine Irritation, ein Ohnmachtsgefühl.

Die Coronakrise hat die meisten kalt erwischt. Das Problem hatten wir durchaus wahrgenommen, aber alles schien weit weg zu sein, irgendwo in China. Auf einmal spitzte sich die Lage zu, und es wurde innerhalb weniger Tage deutlich: Wir haben vieles überhaupt nicht mehr unter Kontrolle. Und ich kann auch nicht mehr alleine entscheiden, was ich tue oder nicht. Ob ich wegfahre, Freunde treffe, lieb gewonnenen Hobbys nachgehe. Plötzlich hieß es: zu Hause bleiben, nur noch mit der eigenen Familie oder zu zweit vor die Tür gehen. Von heute auf morgen hatten die meisten Läden geschlossen. Das gab es seit mehr als sieben Jahrzehnten nicht.

Eine solche Situation eröffnet bei aller Enttäuschung auch eine neue Sichtweise auf das, was bislang selbstverständlich schien: jederzeit alles in nahezu unbegrenzter Menge kaufen zu können – wenn genug Geld dafür vorhanden ist. Dazu eine schier unfassbare Auswahl an Produkten. Ein großes Angebot an Freizeitmöglichkeiten: Sportvereine, Fitnessstudios, Schwimmbäder, Kletterhallen. Orchester, Chöre, Theateraufführungen, Konzerte, Kino. Sich in Cafés, Biergärten und Clubs treffen, in die Disco gehen, ein Fußballstadion besuchen.

Und dann ist alles vorbei: Abgesagt, verschoben, geschlossen, nicht möglich. Keine Urlaubsreise, keine Bundesliga, keine Olympischen Spiele, keine Tour de France, kein Konzert von Paul McCartney. Allenfalls noch ein Spaziergang, Joggen oder Radfahren – wenn wir Glück haben und nicht in Frankreich oder Spanien leben.

In solchen Zeiten erfahren wir, wie dankbar wir für alles sein können, was wir sonst in unserem Alltag erleben. Welche Fülle an Möglichkeiten wir normalerweise haben! Und was für ein Privileg es ist, in diesem Land leben zu dürfen. Wie froh können wir sein, dass wir einen Arbeitsplatz haben, dass wir in die Schule gehen oder eine Universität besuchen können.

Auf einmal gibt es Sehnsucht nach Normalität, die uns bis vor Kurzem vielleicht langweilig erschien. Da wollte ein Jugendlicher früher endlich mal wieder wochenlang chillen – jetzt wäre er froh, wenn das Herumhängen ein Ende hätte.

Wir denken, wie schön es jetzt wäre, wenn wir morgens früh zur Arbeit fahren und dort Kolleginnen und Kollegen begegnen dürften. Wie wunderbar es sein würde, sich mit Freundinnen oder den Eltern treffen zu können!

Jederzeit das zu tun, auf was wir gerade Lust haben, wird neu als Privileg wahrgenommen. Beziehungen bekommen einen neuen Wert.

FAMILIE   Als ich mit einer jungen Frau telefoniere, die nicht zu ihren Eltern fahren kann, sagt sie, den Tränen nahe: »Ich hätte nie gedacht, dass ich meine Familie einmal so sehr vermisse!« Ich denke, das ging vielen so, als es hieß: zu Hause bleiben. Es wurde und wird als schmerzlich empfunden, sich nicht gegenseitig besuchen zu können.

Und gleichzeitig sind die meisten Familien – wie wohl stets in Krisenzeiten – näher zusammengerückt. Viele Freundinnen und Freunde haben erzählt, dass ihre fast erwachsenen Kinder auf einmal wieder nach Hause kamen. Eine Freundin berichtete: »Mein Sohn stand vor der Tür, mit Zimmerpflanzen, Laptop und Schmutzwäsche, und sagte, er zieht erst einmal wieder zu uns.« Das hat viele Eltern überrascht und auch richtig gefreut.

Mich persönlich hat es am meisten geschmerzt, meine Enkelkinder nicht sehen zu können. Wir haben versucht, das mit Skype-Konferenzen auszugleichen. Jeden Tag von 11:30 bis 12:00 wurden die Enkel mit mir zusammengeschaltet. Ich habe ein Bilderbuch vorgelesen, *Geschichten aus Bullerbü* und *Die kleine Hexe* und *Pippi Langstrumpf*. Und wir sind gemeinsam neu eingetaucht in Märchen. Danach haben wir uns ein bisschen ausgetauscht. Das hat meist gut geklappt.

Als ein Enkel den Bildschirm berührte und mit Tränen in den Augen »Omi!« rief, kamen mir selbst auch die Tränen. Ein Kind auf dem Schoß zu haben beim Bilderbuch-Vorlesen, das kann ein Computer nicht ersetzen. Und doch war ich dankbar, in einer Zeit zu leben, in der es technisch möglich ist, sich als Familie auf diese Weise zu sehen, wenn ein direkter Kontakt eher vermieden werden soll. Denn da ist die Sorge um die Großeltern nach dem Motto: »Kein Corona zu der Oma.« Ich selbst hatte und habe gar nicht so viel Angst vor Ansteckung. Aber wenn die Alten besonders gefährdet sind, wollen ja kein Kind und kein Enkel verantwortlich für eine mögliche Ansteckung sein. Und ich habe mit großer Bewunderung, auch mit Erstaunen gesehen, wie schnell die Kinder sich damit abgefunden haben. Wie selbstverständlich sie mitgemacht haben, als wir mit vier oder mehr Personen kommuniziert haben, obwohl wir alle nur auf dem Computerdisplay zu sehen waren. Einer meiner Enkel sagte einmal: »Ist jetzt okay, Omi, kannst dich rausschalten, wir quatschen noch ein bisschen.« Darüber muss ich bis heute lachen.

Es gibt so viele positive Erfahrungen, die wir mit Familie verbinden. Aber sie kann auch ein Ort der Not und Gefahr sein. Manche Frauen sind gefährdet, es ist schwer, diejenigen unterzubringen, die vor häuslicher Gewalt fliehen wollen. Die Frauenhäuser sind voll belegt. Und wo immer Kinder geschlagen oder gar missbraucht werden – in solchen Zeiten sind sie noch schutzloser. Eine Lehrerin sagte mir: »Die meisten Sorgen mache ich mir um die Kinder, die ich weder über Telefon noch per Mail erreichen kann …«

Viele Familien sind auch hierzulande arm und darauf angewiesen, Lebensmittel von der Tafel holen zu können bzw. darauf, dass das Kind eine warme Mahlzeit in der Kita oder der Schule bekommt. Ich hoffe, solche Familien überwinden die Scham und melden sich bei einer der Notrufnummern, denn ich bin überzeugt, viele Menschen wären bereit, solche Familien zu unterstützen. Die Tafeln tun ihr Bestes, diejenigen, die sie kennen, weiter zu unterstützen. Lebensmittelketten haben aufgerufen, Fünf-Euro-Gutscheine für die Tafeln zu erwerben, und weitere fünf Euro draufgelegt.

Und doch gilt meine Sorge denen, die wir nicht sehen und hören.

FREIHEIT Bei jedem Spaziergang habe ich in den Wochen, in denen wir alle aufgefordert waren, möglichst zu Hause zu bleiben, gedacht: Wie gut, dass wir das noch dürfen! Menschen haben höflich Abstand gehalten, sich von Weitem gegrüßt – aber alle waren froh, draußen zu sein, an diesen wunderbaren Frühlingstagen, als die Natur fast der Krise zu spotten schien, mit sonnigem Wetter und hervorbrechenden Knospen.

Ich habe mich oft gefragt: Wie halten es die Menschen aus in großen Städten mit ganz rigiden Ausgangsbeschränkungen? In Wuhan, Paris, Madrid, New York, London und vielen anderen Orten überall auf der Welt? Wenn es nicht mehr möglich ist, vor die Tür zu gehen und frische Luft zu schöpfen – wie schlimm wäre das für mich! Diese Hoffnungszeichen – Vögel zwitschern, Knospen blühen auf –, die möchte ich sehen, riechen, hören können!

Wir werden die Freiheit neu wertschätzen, wenn die Krise vorüber ist, davon bin ich zutiefst überzeugt! Einander treffen, im Park oder im Garten. Zusammen grillen, im Biergarten sitzen, sich zum Essen verabreden, eine Wanderung mit mehr als zwei Personen machen – das hat einen besonderen Wert, den viele in den letzten Jahren überhaupt nicht wahrgenommen haben.

Auf einmal wurden die Grenzen in Europa wieder dicht gemacht. Und nicht nur das. Plötzlich durften selbst Menschen mit zweitem Wohnsitz nicht mehr an die Nord- oder Ostsee. Das alles hat heftige wirtschaftliche Belastungen für Menschen mit sich gebracht, die dort von der Gastronomie, Übernachtungen oder dem Strandkorbverleih leben. Die Freiheit, zu reisen, zu besuchen, wen ich mag, mich zu verabreden, Grenzen zu überschreiten, Urlaub zu machen – diese Freiheit ist eine großartige Errungenschaft.

Die Freiheit, Gottesdienste zu feiern, sich zu versammeln, ja zu demonstrieren – wann ist sie zuletzt gepriesen worden? Die Religionsfreiheit derart einzuschränken, dass keine Gottesdienste gefeiert werden dürfen, das hat es so in Deutschland noch nie gegeben. Klar, dass dann nach einer Zeit des geduldigen Abwartens auch die Frage nach der Verhältnismäßigkeit aufkam. Wie viel Freiheit der Staat uns nehmen darf, wurde auch mit Blick auf Bewegungsfreiheit von Kindern diskutiert. Kann es angehen, dass Baumärkte geöffnet sind, Spielplätze aber geschlossen werden? Warum dürfen zuerst die älteren Kinder zurück in die Schulen, wenn doch die jüngeren zu Hause viel weniger Ausweichmöglichkeiten haben und viel weniger verstehen können, warum sie eingesperrt sind?

Freiheit ist ein kostbares Gut, das wir offenbar erst richtig zu schätzen wissen, wenn es uns plötzlich verwehrt wird, wir darauf verzichten müssen. Wir können diesen Verzicht eine Zeit lang ertragen um der menschlichen Gemeinschaft willen. Einfach um keinen zu gefährden. Rational haben wir das schnell begriffen. Aber das Gefühl, dass uns die Freiheit plötzlich abhandenkommt, ist bitter. Wenn uns plötzlich verboten wird, auf den Spielplatz zu gehen – in Bayern war es sogar kurzfristig verboten, allein auf einer Parkbank zu sitzen – dann spüren wir, was Freiheit wert ist. Irgendwann regte sich bei allem Verständnis auch heftiger Widerspruch. Und ja: Freiheit derart einzuschränken, das darf in einer Demokratie nur eine Ausnahme auf Zeit sein. Freiheitsrechte wurden zu lange und zu hart erkämpft, um allzu schnell aufgegeben zu werden.

Andererseits liegen in dem neu gewonnenen Bewusstsein für Freiheit und ihre Grenzen ja auch Chancen. Die Überwachung durch Gesichtserkennung, wie sie in China schon gang und gäbe scheint, ist sicher erst einmal gestoppt oder gar hinfällig, wenn inzwischen überall empfohlen wird, im öffentlichen Raum Gesichtsmasken zu tragen …

FREUNDSCHAFT Als ich eine Freundin anrief, die allein lebt, sagte sie: »Ich hatte selten derart viel Kontakt mit Freundinnen und Freunden wie jetzt!« In Zeiten der Krise zeigt sich der Wert der Freundschaft. Was wir an Beziehungen aufgebaut haben, kommt zum Tragen. Auch mich riefen Freundinnen an, die ich lange nicht gehört oder gesehen hatte. Früher hättest du dich gefragt, ob du dir so lange »Ferngespräche« oder gar »Auslandsverbindungen« leisten kannst. Gott sei Dank gibt es heute sehr günstige Tarife. So konnte ich auch mit meiner Freundin Janice in den USA ausführlich telefonieren. Ihre Tochter lebt in New York. Janice machte sich große Sorgen und erzählte von der Lage in Atlanta. Die Universität, an der sie arbeitet, musste geschlossen werden – bis September. Ob die Studierenden sich das Studium dann aber noch leisten können, ist fraglich. Und somit auch, ob die Universität nach Corona weiterexistieren kann. Und einmal mehr wurde in unserem Gespräch klar, wie wenig soziales Netz es in den USA gibt. Alles, was an gesundheitlicher Absicherung durch Obamacare geschaffen wurde, hat Präsident Trump mit einem Handstreich zerstört. Von Arbeitslosen- oder Kurzarbeitergeld ganz zu schweigen ...

Einer Freundin, die allein lebt und auch noch krank war, habe ich einen Blumenstrauß vor die Tür gelegt und dann geklingelt. Als sie öffnete, habe ich sie mit weitem Abstand gegrüßt. Meine Freundin hat sich riesig gefreut und mir danach mehrere Tage hintereinander neue Fotos der Blumen per WhatsApp-Nachricht geschickt. Einer anderen Frau habe ich Blumen zum Geburtstag schicken lassen, auch da war die Freude groß. Und ich habe erlebt, wie Freundinnen sich Sorgen um diejenigen machten, die mit der Einsamkeit nicht so gut klarkamen. Da wurde sich abgewechselt mit Anrufen. Ich habe viele Karten geschrieben und

Bücher verschickt. Freundschaft bedeutet eben auch, sich gegenseitig zu unterstützen und einander in schwieriger Zeit zu tragen. Dazu braucht es ein gutes Fundament, das sich über die Jahre entwickelt hat. Es ist so wichtig, gute Freundinnen und Freunde zu haben!

Denen kann dann auch erzählt werden, wenn sich eine einsam fühlt. Niemand muss sich dafür schämen! Ich war froh, dass einige beim Telefonieren ganz offen gesagt haben, es geht ihnen nicht gut in dieser Situation. Wenn wir darüber sprechen können, nimmt es den Schrecken und macht möglich, miteinander zu überlegen, wie Einsamkeit überwunden werden kann – und sei es ein Spaziergang auf 1,5 Meter Abstand!

FÜRSORGE   Der Begriff Fürsorge hat für mich einen neuen Klang erhalten. Er kommt so altbacken daher, und wir denken zunächst vielleicht an so etwas wie Armenfürsorge. Dabei ist die *Sorge für andere* und das *Sich-Sorgen um andere* ein Zeichen dafür, dass Menschen weiterdenken – über sich selbst und die eigenen Sorgen hinaus.

Auf meiner Joggingstrecke durch die Eilenriede gibt es eine kleine Hütte. Oft habe ich schon gesehen, dass dort ein Mann übernachtet. Seit klar ist, wie schwierig die Situation Obdachloser geworden ist, habe ich mich gefragt, wie es ihm geht. Menschen wie er haben ja nicht nur keine Unterkunft, sondern ihre Situation ist durch die Einführung der Maßnahmen zur Eindämmung der Viruserkrankungen schlagartig noch schlechter geworden. Die Einrichtungen der Tafeln, über die sich viele mit Lebensmitteln versorgen, mussten schließen. An eine Übernachtung in der Enge eines

Obdachlosenwohnheims war nicht mehr zu denken und vieles mehr. Ich habe also kurz im Laufen innegehalten, den Mann gegrüßt und ihn gefragt, ob er etwas braucht, ob ich ihm irgendwie helfen kann. In diesem Moment kam mir eine andere Joggerin entgegen. Auch sie grüßte und legte zwei Euro auf einen kleinen Holzvorsprung der Hütte. Es ist gut zu sehen, dass der Mann von der Gemeinschaft versorgt wird.

Auch das Straßenmagazin *Asphalt*, zu dessen Herausgebern ich gehöre, hat sich große Sorgen um Menschen in prekären Lebensverhältnissen gemacht. Viele Wohnungs- und Obdachlose oder auch Menschen in prekären Lebensverhältnissen sichern durch den Verkauf der Zeitungen nicht nur ihren Lebensunterhalt, sondern die Gespräche mit Käuferinnen und Käufern tun ihnen einfach gut. Die Redaktion hat versucht, Kontakt zu ermöglichen, die Anlaufstelle blieb offen. Und als die Aprilausgabe des Magazins nicht erscheinen konnte, gab es viele, viele Spenden für die obdachlosen Menschen. Das war und ist großartig. Ich habe mich auch gefreut, als Diakonie und Caritas in Hannover es gemeinsam mit der Stadt ermöglicht haben, die Jugendherberge für die Bedürftigen zu öffnen. Gut 70 Obdachlose leben mittlerweile in Einzelzimmern mit Dusch- und Waschmöglichkeiten. Kalle, einer unserer Verkäufer, sagt: »Das ist super hier, eigenes Zimmer und Verpflegung vor Ort, hier werde ich endlich mal wieder als Mensch gesehen.«

Fürsorge – den Nächsten in den Blick nehmen, darauf achten, wie es ihm geht –, das ist so wichtig. Und es ist schön, wahrzunehmen, wie viele Menschen wirklich hinsehen und spüren, was in einer bestimmten Situation notwendig und gut ist. Es wurden Telefonnummern und Mailadressen verteilt, über die Einkaufshilfen angefragt werden konnten. Einige haben nicht nur für andere eingekauft, sondern auf eigene Rechnung manches dazugepackt.

Und auch in anderen Bereichen haben sich Fürsorge und Solidarität gezeigt. Etwa dann, wenn Menschen für Konzerttickets bezahlt haben, auch wenn die Veranstaltungen nicht stattfinden konnten. Einfach damit die Konzertveranstalter überleben und es nach der Krise weiterhin möglichst viele Kulturveranstaltungen geben kann. Manche Musiker haben Wohnzimmerkonzerte angeboten. Dennoch ist klar: Viele Kulturschaffende hat die Pandemie in eine tiefe Existenzkrise gestürzt.

GEDULD Wir leben in einer Zeit, in der alles schnell gehen soll. Auf einmal ausgebremst zu werden und nicht zu wissen, für wie lange, ist da in der Tat eine Geduldsprobe. Es wäre wesentlich leichter, mit einer Ausnahmesituation umzugehen, wenn du wüsstest: Bis zu diesem Datum gilt es durchzuhalten, dann ist alles vorbei. In der Coronakrise ist erst nach und nach die Erkenntnis durchgesickert: Das kann lange dauern! Es kann sein, dass sich unser Leben nicht nur für einige Wochen, sondern für Monate oder Jahre verändert.

Im Wörterbuch wird Geduld als ein »ruhiges und beherrschtes Ertragen von etwas, was unangenehm ist oder sehr lange dauert« beschrieben. Das bedeutet ja, Geduld ist auch eine Haltung, die ich an den Tag lege. Uns ist irgendwann klar geworden: Wir müssen da durch. Und zwar alle gemeinsam in diesem Land, in Europa, in der Welt. Es bleibt uns nichts anderes übrig, als diese wahrhaft unangenehme Lage, die offenbar länger andauert als zunächst gedacht, durchzustehen. Und zwar beherrscht, also nicht kopflos, überängstigt oder voller Unruhe.

Dazu muss die Zeit gefüllt werden. Viele haben wieder die guten alten Brettspiele hervorgeholt: *Mensch ärgere Dich nicht* und *Monopoly* lassen grüßen. Manche haben angefangen, wieder zu stricken – oder sie nähten Gesichtsmasken. Kinder konnten mit Basteleien beschäftigt werden. Kindertheater haben eigene Stücke oder vorgelesene Märchen für die Kleinen ins Netz gestellt. So zeigte sich auf vielfältige Art und Weise die Fähigkeit, die Situation auszuhalten.

Geduld gilt ja als Tugend. Ob es auch eine Fähigkeit ist, die sich neu lernen lässt? Vor Corona gab es gut bezahlte Seminare zum Thema Entschleunigung. Mit Corona haben wir das quasi von selbst gelernt.

GENÜGSAMKEIT Wenn alles im Überfluss vorhanden ist, leben wir offensichtlich verschwenderisch. Es ist kaum zu fassen, wie viele Lebensmittel in Deutschland jeden Tag weggeworfen werden, weil mehr eingekauft wurde als nötig oder es vielleicht auch nicht so schmeckt wie erwartet. Einer großen Zahl von Menschen geht es längst nicht mehr darum, beim Essen satt zu werden. Und es werden viel zu viele Lebensmittel produziert, sodass es hierzulande jederzeit und überall eine riesige Auswahl gibt. Sich beschränken zu müssen, sind manche nicht gewohnt, denn für sie schien bislang alles jederzeit verfügbar, solange sie es bezahlen konnten. Und plötzlich sind sie froh, wenn es überhaupt eine Sorte Nudeln im Supermarkt gibt.

Der Slogan »Weniger ist mehr«, den eine Aktion wie »Brot für die Welt« schon lange verbreitet, beschreibt einen achtsamen Lebensstil. Nun ist der Satz zu einer guten Erfahrung geworden. Zu erleben, dass ich mit weniger auskommen kann, führt auch zu einer gewissen Reife. Und es hilft sortieren: Was ist wirklich wichtig in meinem Leben? Was ist entscheidend, erstrangig – oder auch entbehrlich?

Ein Pärchen erzählte, sie hätten ein Kochbuch aus dem Regal geholt und schon morgens zusammen überlegt, was sie abends kochen. Das hatten sie noch nie gemacht, sie konnten es sich bislang leisten, in der Regel essen zu gehen oder beim Lieferservice zu bestellen. Auf einmal merkten sie, dass es Spaß macht, selbst zu kochen. Und dabei ist ihnen Erstaunliches und Überraschendes gelungen, täglich wächst ihr Erfahrungsschatz. Selbst etwas zu kochen hat einen Wert an sich, weil es uns in Beziehung setzt und Lebensmittel eine andere Bedeutung bekommen. Viele haben in den letzten Wochen und Monaten für sich auch entdeckt, dass es wesentlich preiswerter ist, selbst zu kochen, als Take-away oder Lieferservice zu nutzen.

Ja, wir müssen die geplante Urlaubsreise absagen. Aber ist das wirklich so schlimm? Ein bisschen traurig vielleicht. Aber viel wichtiger ist doch, dass wir beisammen sein können. Gerne wäre ich im Frühjahr in mein Ferienhaus auf Usedom gefahren. Da ich dort nur meinen zweiten Wohnsitz habe, war das bis 1. Mai nicht erlaubt. Aber damit hadern oder die Anweisungen unterlaufen, was manche mir geraten haben, fand ich nicht angemessen. Ein Nachbar meinte mit einem Augenzwinkern, er könnte mich ja im Kofferraum auf die Insel schmuggeln, von West nach Ost wäre das mal was Neues.

Wenn ich die Wohnung nicht verlassen kann, kommt die Frage auf, ob ich mir selbst genüge. Kann ich allein leben, ohne einsam zu sein? Halte ich das aus, oder verzage ich daran? Mir haben viele Menschen geschrieben, dass es ihnen damit ganz gut geht. Und wenn nicht, was natürlich – je nach Stimmungslage – auch phasenweise vorkommt, wussten sie, wo sie sich Hilfe holen können.

Paare erleben im Laufe einer Beziehung, dass Nähe auch bedrückend sein kann. Irgendwann steht die Frage im Raum: Halten wir Zweisamkeit auf Dauer wirklich aus? Oder brauchen wir Rückzugsräume in unserem Leben? Wenn sie ohne große Außenkontakte leben müssen, dann merken manche, dass sie sich nicht mehr »genügen«, dass es in ihrer Beziehung langweilig oder anstrengend geworden ist. Viele Beziehungen wurden in Zeiten der Coronakrise auf eine harte Probe gestellt.

Aber dann gab es auch Lustiges zu vermelden. So wurde immer wieder von Hauskatzen berichtet, die auf einmal beglückt waren, dass die Menschen nicht für viele Stunden entschwanden, sondern ständig anwesend waren, auch um sie zu streicheln, wenn den ja durchaus selbstbewussten

Tieren danach war. »Der Kater ist begeistert von der Krise«, schrieb mir jemand. Und die *Süddeutsche Zeitung* widmete einen ganzen Artikel den Tieren in Berlin, die sich angesichts des Rückzugs der Menschen genüsslich in der Stadt ausbreiten: Füchse, Wildschweine, Waschbären und andere.

GLAUBE   Ich bin selten in so kurzer Zeit um derart viele Interviews gebeten worden wie im Frühjahr dieses Jahres. Immer wieder wurde mir die Frage gestellt: Was bedeutet Ihnen Ihr Glaube in dieser Zeit? Oder: Kann Glaube Mut geben?

Mir persönlich gibt der christliche Glaube Halt. Und ich konnte von meinen Erfahrungen berichten: Als Pfarrerin habe ich in all den Jahren meiner Berufstätigkeit mit Familien, die liebe Angehörige verloren haben, Gespräche geführt. Dabei bin ich viel Trauer, aber auch Angst, Erschrecken und Ratlosigkeit begegnet. Wenn ich dann die Beerdigung vorbereitet habe, war ich dankbar, dass ich nicht irgendetwas erfinden musste, sondern dass es alte Psalmen und Gebete gibt, auf die ich zurückgreifen konnte. Das sind Texte, die schon Generationen vor uns Halt und Trost gegeben haben. Ich denke an Psalm 23,1–6, den fast alle Christen im Konfirmandenunterricht auswendig lernen. Durch die Jahrhunderte hindurch hat dieser Text Gottvertrauen vermittelt. Und es ist so wohltuend, ihn in Situationen, in denen es mir nicht gut geht, noch einmal in Ruhe zu lesen:

Der HERR ist mein Hirte, mir wird nichts mangeln. Er weidet mich auf einer grünen Aue und führet mich zum frischen Wasser. Er erquicket meine Seele. Er führet mich auf rechter Straße um seines Namens willen. Und ob ich schon wanderte im finstern Tal, fürchte ich kein Unglück; denn du bist bei mir, dein Stecken und Stab trösten mich. Du bereitest vor mir einen Tisch im Angesicht meiner Feinde. Du salbest mein Haupt mit Öl und schenkest mir voll ein. Gutes und Barmherzigkeit werden mir folgen mein Leben lang, und ich werde bleiben im Hause des HERRN immerdar.

Auch ein Vaterunser zu beten hilft, die Fassung wiederzugewinnen. Sich von Gott getragen wissen stärkt uns, damit wir nicht den Halt verlieren. Und die biblischen

Geschichten zeigen: Es gibt Krisen im Leben, schwere Zeiten, ja Wüstenzeiten. Aber gerade dann schenkt Gott dir auch Kraft, sie durchzustehen.

Für mich ist das echter Trost. Ich glaube auch, dass der Tod nicht das Ende ist. Wie Auferstehung aussieht, weiß niemand. Aber glauben, dass Leben größer ist als Tod, das darf ich.

Am Karfreitag habe ich dieses Jahr morgens eine stille Stunde verbracht und in den vier Evangelien noch einmal die Geschichte von Kreuzigung, Tod, Grablegung und Auferstehung Jesu gelesen. Mir ist wieder bewusst geworden, dass der direkte Vorgang der Auferstehung gar nicht erzählt wird.

Von Anfang an gab es Zweifel an der Auferstehung Jesu. Die Frage: Kann das sein? Aber dass Jesus auch nach seinem Tod präsent ist, das haben Menschen gespürt und erlebt. Und das haben sie weitererzählt, bis es eines Tages von den Evangelisten schriftlich festgehalten wurde. Zu der Zeit hatten sich schon viele zusammengefunden, die diesen Glauben, dieses Vertrauen teilten. So sehe auch ich mich in der Gemeinschaft derer, die glauben, dass die Liebe Gottes stärker ist als der Tod. Wenn schon unsere menschliche Liebe Verstorbene in gewisser Weise präsent sein lässt, wenn wir an sie denken, warum sollte nicht bei Gott noch viel mehr möglich sein? Manche belächeln mich für diesen Glauben. Ich weiß mich davon getragen. Und ich fühle mich durch diesen Glauben zugehörig zur Gemeinschaft der Christinnen und Christen in diesem Land und in aller Welt.

GOTTESDIENST Mein Leben lang war ich am Karfreitag und an Ostern im Gottesdienst. Dieses schöne Ritual am Ostermorgen liegt mir am Herzen, wenn die ganze Gemeinde auf den Ruf »Der Herr ist auferstanden« antwortet »Er ist wahrhaftig auferstanden, Halleluja!«. Und es ist schön, gemeinsam das alte Lied zu singen: »Wir wollen alle fröhlich sein in dieser österlichen Zeit.«

Erstmals waren dieses Jahr an Ostern alle Kirchen leer. Wie traurig ist das denn! Gerade in Zeiten der Not, der Krise, von Krieg und Leid kamen Menschen seit Jahrtausenden überall auf der Welt zusammen, um miteinander zu singen und zu beten. Die alten biblischen Worte zeigen, dass wir nicht die Ersten sind, die mit Angst und Ungewissheit umgehen müssen. Wunderbare Gebete bringen Zusammenhalt. Lieder, etwa die von Paul Gerhardt, lassen uns spüren: Der Tod hat nicht das letzte Wort, das Leben ist viel größer, die Liebe auch. Das ist Trost und Ermutigung.

Dieses Jahr gab es Ostern nur eine virtuelle Gemeinde. Und nachdem in den letzten Jahren immer mal wieder die Form von Fernsehgottesdiensten hinterfragt wurde, waren viele jetzt sehr froh, auf diese Weise miteinander feiern zu können. Die stellvertretende Ratsvorsitzende der EKD, Annette Kurschus, hat am Ostersonntag eine wunderbare Predigt gehalten. Und die Pfarrerin der Kirche in Ingelheim, von wo aus der Gottesdienst übertragen wurde, hat gemeinsam mit ausgezeichneten Musikerinnen und Musikern freundlich und ermutigend die Liturgie gestaltet.

Ostern ist die Erfahrung, dass aus der Angst von Karfreitag und der Verzagtheit von Karsamstag die Freude wachsen kann, dass es einen Weg nach vorn gibt. Wir bleiben nicht stecken in der Angst!

Aus einer Kirchengemeinde wurde mir erzählt, dass 124 Personen an einem virtuell angeleiteten Abendmahl teilgenommen haben. Sie haben sich alle zu einem Ostergottesdienst zusammengeschaltet und dabei zu Hause im kleinen Kreis Brot und Wein geteilt. Es gab Diskussionen darüber, ob das in Ordnung ist. Ich denke, das ist theologisch völlig legitim. Denn in der Bibel steht: »Wo zwei oder drei in meinem Namen zusammen sind, da bin ich mitten unter ihnen.« Jesus hat sich das gewiss nicht virtuell vorstellen können. Und wenn ein solches Abendmahl via Computermonitor koordiniert am heimischen Esstisch stattfindet, ist dies ungewohnt. Aber wenn Menschen auf diese Weise Trost und Kraft bekommen, halte ich es für eine wunderbare Möglichkeit – bis wir endlich wieder ganz real miteinander feiern können.

Schön fand ich auch, dass am Ostersonntag um 12 Uhr in ganz Deutschland das *Große Glockengeläut* erklang. Es hat dazu aufgerufen, zu beten. Und ich denke, es hat auch kundgetan: Ostern ist nicht abgesagt! Wir feiern jetzt getrennt, aber doch gemeinsam. Wir beten miteinander, und wir denken aneinander. Mit meiner Familie habe ich zur gleichen Zeit per Skype-Konferenz eine kleine Andacht gehalten. Das war erst ungewohnt, ja ungelenk, aber dann doch auch schön.

Mir macht Mut, dass unsere Kirche sich den Herausforderungen stellt. Es gibt neue Formen der Ansprache wie Podcasts. Pfarrerinnen und Pfarrer bieten Seelsorge online, und die Telefonseelsorge läuft zu Höchstform auf. Mit Briefen werden Gemeindemitglieder erreicht, die nicht im Netz unterwegs sind. Fernseh- und Radiogottesdienste trösten Menschen, die Angst haben. Gott sei Dank sind viele Christen, Gemeindemitglieder, Pfarrerinnen und Pfarrer kreativ geworden. Viele singen oder musizieren abends auf dem Balkon oder stellen zum Glockengeläut eine Kerze ins Fenster und beten ein Vaterunser. Dennoch fehlte mir der Gottesdienst. Und ich hoffe, auch dafür gibt es bald neue kreative Formen. Warum nicht erst einmal überall Open-Air-Gottesdienste feiern, wenn sich das Abstandsgebot auf diese Weise leichter realisieren lässt? An Himmelfahrt haben solche Angebote ohnehin gute Tradition.

Inzwischen werden Weihnachtsgottesdienste unter Coronabedingungen geplant. Und auch da zeigt sich eine erfreuliche Lernfähigkeit und Kreativität: Eine Gemeinde mietet eine Sporthalle, eine andere ein Eisstadion. Einige wollen im 30-Minuten-Rhythmus feiern, wieder andere planen Stationenwege in Kirchen, die Familien gemeinsam durchlaufen können. Danach soll auf dem Vorplatz das Lied »O du Fröhliche« gesungen werden – natürlich mit dem gebotenen Abstand.

HALTUNG   Eine Krise zeigt auch die Lebenshaltung, die wir haben. Zum Beispiel, dass es für Pflegekräfte und Ärzte, aber auch für die Reinigungskräfte in den Krankenhäusern keine Frage ist, dass sie selbstverständlich ihren Dienst tun und sich keiner aus Angst vor Ansteckung verweigert. Mitarbeiterinnen in Lebensmittelläden und Apotheken, Paket- oder Postboten und die Müllabfuhr versehen ebenso selbstverständlich ihren Dienst. Sie alle machen vieles möglich, weil sie wissen: Ich werde von anderen gebraucht.

Als die Diskussion begann, ob nicht Kitas und Schulen zuerst wieder öffnen sollten, weil Kinder sich nur vergleichsweise selten anstecken und die Krankheit dann meistens sehr gut verkraften, liefen bei mir per Mail heftigste Reaktionen von Kitamitarbeiterinnen und Lehrkräften ein. Der Tenor: Das sei ihnen nicht zuzumuten, sie könnten sich anstecken, die Krankheit nach Hause tragen. In der Tat ist das so. Aber das könnte auch allen anderen passieren, die momentan Dienst tun! Außerdem war von Anfang an klar, dass sich die Mehrheit der Bevölkerung wird anstecken müssen, um jene »Herdenimmunität« zu erreichen, die dem Virus den Schrecken nimmt. Vordringlich ging es darum, die Ansteckungskurve abzuflachen, damit nicht alle gleichzeitig krank werden.

Ob ich zuerst auf das schaue, was jetzt für andere wichtig ist und was ich für andere tun kann – oder ob die Sorge um mich selbst im Vordergrund steht, ist eine Frage der Haltung. Eines ist klar: Wenn alle nur an sich denken würden, bräche alles zusammen, niemand wäre mehr versorgt.

Als ich in einer Diskussion sagte, ich fände es gut, wenn Kirchengemeinden auf eigene Verantwortung die Kirchen öffnen, damit Menschen unter den gebotenen Vorsichtsregeln wenigstens zum stillen Gebet und dem Anzünden einer Kerze ins Gotteshaus kommen können, habe ich heftige verbale Attacken erlebt. Einige schrieben, ich würde damit Leben gefährden. Haltung zu zeigen, das war mir in dieser Frage wichtig, auch wenn ich mit Gegenwind gerechnet habe. Weil es mir um die Menschen ging, die in Kirchen Trost suchen. Mir leuchtete nicht ein, weshalb ein Kirchenbesuch augenscheinlich als wenig relevant eingestuft wurde.

Und ich war froh, als in Niedersachsen ab Karfreitag Gemeinden die Gotteshäuser wieder öffnen konnten. Ehrenamtliche haben die Aufgabe übernommen, darauf zu achten, dass die Abstandsregeln eingehalten werden.

Ich habe in der Marktkirche Hannover auch ab und an Dienst getan und konnte erleben, wie sehr mir der Raum in den letzten Wochen gefehlt hatte – und anderen auch. Dass der Kirchenraum die Menschen beruhigt und ihnen hilft, mit der Ausnahmesituation klarzukommen.

HOFFNUNG   Als die Infektionswelle ihren Lauf nahm und immer mehr Menschen in allen Ländern der Erde erkrankten, haben uns die schrecklichen Bilder und die Berichte, gerade aus den Krankenhäusern in Norditalien und dem Elsass, aus Städten wie Madrid, London und New York, alle ziemlich mitgenommen. So viel Leid, so viel Elend, so viele schlimme Schicksale, dass es kaum auszuhalten war, sich das anzusehen.

Was tun, in solchen Tagen?

Ich denke, ein Mensch kann vieles entbehren und Not ertragen, wenn es Hoffnung gibt. Hoffnung auf Zukunft, auf Heilung, auf Frieden. Dafür brauchen wir gute Bilder. Und genau solche Bilder finden sich in der Bibel. »Gerechtigkeit und Friede werden sich küssen« (Psalm 85,11) ist so eines. Oder: »Wenn der HERR die Gefangenen Zions erlösen wird, so werden wir sein wie die Träumenden« (Psalm 126).

Ohne solche Hoffnung vertrocknen wir innerlich. Deshalb ist mir wichtig, Hoffnung weiterzugeben: Es wird eine Zeit nach dieser Krise geben. Und wir wissen: Andere vor uns haben auch schwere Tage erlebt und überstanden.

In den Tagen des Corona-Stillstandes habe ich einige Folgen der Fernsehserie *Charité* geschaut, vorher hatte ich dazu keine Zeit gefunden. Mich hat das sehr angerührt. Meine Mutter war junge Krankenschwester in Berlin zwischen 1942 und 1945. Ich habe daran gedacht, was sie und ihre Generation durchgestanden haben. Die Menschen hatten nicht das Privileg, täglich zu erfahren, wie die aktuelle Situation wirklich aussieht. Es ging schlicht darum, zu überleben, weiterzuleben.

Im Rückblick hat diese Generation zum Teil beschämt geschwiegen, weil sie so vielen falschen Meldungen aufgesessen waren. Weil sie den Falschen vertraut hatten, sich von einer menschenfeindlichen Ideologie verführen ließen. Aber sie haben sich aufgerappelt und die Hoffnung behalten, dass es trotzdem irgendwie weitergeht.

Hoffnung ist eine tiefe innere Kraft. Sie speist sich aus den Erzählungen derer, die vor uns waren. Sie wurzelt in der Liebe zu anderen. Und sie findet ihre Quelle im Glauben an Gott.

KREATIVITÄT Das ist eine schöne Idee, dachte ich, als von der Evangelischen Kirche dazu aufgerufen wurde: Lasst uns jeden Abend um 19 Uhr am offenen Fenster, auf dem Balkon, im Garten *Der Mond ist aufgegangen* von Matthias Claudius singen.

Viele sind dem Aufruf gefolgt, ich habe kleine Filme gesehen, die die Menschen beim Singen auf ihrem Balkon zeigten. Auch ganze Chöre haben sich virtuell zusammengefunden und die musikalischen Auftritte der einzelnen Sängerinnen und Sänger zu Hause koordiniert. Am Ende klang es total harmonisch und toll! Ein Lied hat mich besonders angerührt: *Jetzt ist die Zeit für Menschlichkeit.* Bekannte Sängerinnen und Sänger haben ein Lied gesungen, mit dem am Ende für Spenden für die Obdachlosenhilfe der Caritas geworben wurde.

Sogar ein gemeinsames Konzert von weltbekannten Künstlerinnen und Künstlern zugunsten der von der Coronakrise am stärksten betroffenen Menschen hat es gegeben, und man konnte vorfolgen, wie viele Musiker, Sänger und Interpreten bei sich zu Hause im Wohnzimmer saßen und sich mit einem Beitrag beteiligten.

Es wurden über Grenzen hinweg Spiele gespielt. Viele Menschen haben angefangen, Tagebuch zu schreiben, was stets gut ist, um die Gedanken zu sortieren. Und sogar kollektive Tagebücher gab es. Geschichten und Gedichte wurden vorgetragen. Menschen haben Bastelanleitungen geteilt, Kinderunterhaltung entstand für die Netzgemeinde. In einem Ausflugsgebiet ganz in meiner Nähe hat jemand in transparenter Folie eingeschweißte Gedichte in Büsche und Bäume gehängt, viele haben kurz angehalten und die Texte wahrgenommen. Und auch beim Nähen von Gesichtsmasken kam Kreativität auf. Toll, was manche sich ausgedacht haben. Über ein Foto habe ich mich echt amüsiert: Da hatte jemand eine Maske genäht, die so aussah, als ob ihr Träger bis über beide Ohren grinsen würde.

LACHEN   Ich freue mich sehr über intelligente Beiträge zum Lachen! Und davon gab es viele in Coronazeiten. Hier einige Beispiele:

Der »Corona-Selbsttest«: Wenn du noch weißt, was ein altes Telefon mit Wählscheibe ist, gehörst du zur Risikogruppe.

Willst du deinen Intelligenzquotienten messen? Beginn mit 150 und zieh die Zahl der Toilettenpapierrollen ab, die du gehamstert hast.

Ein Foto von Queen Elizabeth mit Prinz Charles. Darunter steht: Wenn der Kindergarten geschlossen hat und sie ihr Kind mit zur Arbeit nehmen müssen.

»Der Enkeltrick beim Fernsehgottesdienst«: Während die Oma Fernsehgottesdienst schaut, kommt der Enkel und sammelt die Kollekte ein.

»Gestern kamen zwei Leute mit Mundschutz in die Post. Gott sei Dank war das nur ein Überfall, und wir haben uns alle schnell beruhigt.«

Gegen den Coronavirus esst ihr am besten täglich drei Knoblauchzehen. Das wirkt zwar nicht gegen das Virus, aber der notwendige Abstand wird definitiv eingehalten.

Für alle Hamsterkäufer: Denk dran, der Reis kommt aus China und die Nudeln aus Italien!

Eine Karikatur zeigt einen rundlichen Mann, der mit Bierflasche auf einem Sofa sitzt. Er denkt: »Früher habe ich hier einfach so herumgesessen. Heute rette ich damit Menschenleben!«

Einem anderen Mann wird in einem kleinen Videofilm erklärt, er sei positiv getestet. Nun muss er sich entscheiden: »Möglichkeit A: Quarantäne mit seiner Frau und seinem Kind.«

»Möglichkeit B ...«

Ich bin gespannt – aber noch bevor der Fragende weiterreden kann, fällt der Mann blitzartig seine Entscheidung: »B!!!!«

Ein letztes Beispiel, durchaus mit ein bisschen schwarzem Humor, aber mit Glaubenskraft im Abgang: Donald Trump stirbt bei einem Besuch in Israel. Die Gastgeber sagen, er könne im Heiligen Land bestattet werden. Eine Überführung werde ohnehin immens teuer. Die US-Amerikaner beraten sich und erklären schließlich, dass sie auf jeden Fall eine Überführung in die USA wollen. Schließlich sei in Israel schon mal jemand gestorben und nach drei Tagen wieder lebendig geworden, das sei viel zu riskant ...

LIEBE   Ein Video, das im April »viral ging«, zeigt eine Lesung von bekannten Schauspielerinnen und Schauspielern. Der Text, den sie vortragen, steht im Brief des Apostels Paulus an die Gemeinde in Korinth: »Das Hohelied der Liebe«.

Der Apostel Paulus klingt durch die Jahrhunderte sehr aktuell: *Wenn ich die Liebe nicht hätte, würde mir alles andere nichts nützen. Ein Mensch, der nicht lieben kann und nicht geliebt wird, kann noch so viel Geld, Ruhm oder Gesundheit haben, er bleibt einsam.*

Mich hat berührt, wie dieser jahrtausendealte Text ganz neu und aktuell schien, so wie die Schauspieler ihn inszeniert haben, mit Wiederholungen einzelner Sätze und auch mit Momenten der Stille.

Viele leiden in Coronazeiten unter Einsamkeit. Aber niemand muss einsam sein! Du kannst Beziehungen knüpfen. Ich möchte allen sagen: Bleib bitte nicht allein, ruf an, melde dich, wenn dir die Decke auf den Kopf fällt! Wende dich an Freunde, Bekannte – und wenn du niemanden hast, an die Telefonseelsorge, eine Pfarrerin oder einen Priester.

Es tut weh, sich einsam zu fühlen, das können andere doch gut verstehen und sind gewiss bereit für ein Gespräch! Niemand muss sich dafür schämen, sich einsam zu fühlen! Und eines steht fest: Jede und jeder darf sich, so wie sie oder er ist, von Gott geliebt wissen.

Liebe, das Wort geht mir immer wieder auch einmal schwer über die Lippen. Denn es ist ein Begriff, der mir oft »ausgelutscht« vorkommt. So als wäre er durch allzu häufige Verwendung abgenutzt. Aber gerade in Zeiten der Angst und Not wird deutlich, was Liebe ist: die tiefe Verbindung von Menschen, die füreinander da sein wollen.

Nächstenliebe ist eher eine Haltung, Liebe ein Gefühl, so denke ich. Du möchtest irgendetwas tun, damit sich die Mutter nicht einsam fühlt, wenn sie im Altenheim keinen Besuch empfangen kann. Es liegt dir tief am Herzen, dass die Enkelkinder nicht traurig sind, weil ihr euch lange Zeit nicht sehen könnt. Du denkst an andere – und das ist wichtig.

MITGEFÜHL Für eine Kampagne des Magazins *Stern*, der Therapeuten, Seelsorgerinnen und andere Spezialisten darum gebeten hatte, habe ich zu Beginn der Krise jeden Donnerstag zwei Stunden für Telefonate zur Verfügung gestanden. Das ist nicht viel, ich weiß. Aber es war möglich, in dieser Zeit doch intensiv mit einigen Menschen ins Gespräch zu kommen, die einsam und verzweifelt waren. Ich hoffe, sie konnten mein Mitgefühl spüren.

Mitgefühl ist die Fähigkeit, das Gefühl eines anderen, dem es nicht gut geht, nachzuempfinden. Auch wenn ich in einer konkreten Situation nicht anwesend bin, kann ich mein Mitgefühl bekunden und so meine Anteilnahme zeigen. Da geht es zunächst um Empathie, um Solidarität oder aber auch um echte Zuneigung, wenn ich Mitgefühl gegenüber Menschen zeige, die mir nahestehen. Es geht nicht um Mitleid. Das ist etwas anderes. Denn im Unterschied zu

Mitleid kann Mitgefühl auch bedeuten, dass wir positive Gefühle miteinander teilen.

Mitgefühl hatte ich mit all den Kindern, die in schwierigen Situationen leben. Zusätzlich zu dem Thema häusliche Gewalt hat mich die Frage umgetrieben, wie Kinder ernährt werden, wenn die tägliche Mahlzeit in Schule oder Kita ausfällt und auch die Tafeln geschlossen sind, auf die viele arme Familien angewiesen sind. Ich habe mehrfach mit anderen darüber gesprochen, aber niemand wusste, wie eine Lösung aussehen könnte. Mein Mitgefühl galt und gilt aber vor allem Menschen, die nicht das Glück haben, in Deutschland zu leben. Ich bin froh über Initiativen, die zur Solidarität mit Menschen in den Flüchtlingslagern in Griechenland aufgerufen haben. Meine Gedanken sind bei denen, die in Indien jetzt schon den Boden unter den Füßen verloren haben, weil die Textilindustrie Mitarbeitende aufgrund geringer Nachfrage entlässt. Als Botschafterin des Kinderhilfswerks terre des hommes war ich letztes Jahr in der Provinz Tamil Nadu und habe die elenden Bedingungen gesehen, unter denen Menschen dort arbeiten müssen. Wenn sie jetzt aber auch noch diese Arbeit verlieren, gibt es für sie keinerlei Rettungsschirm.

MUT   Eine befreundete Hausärztin kam in den Tagen vor Ostern zu mir zum Frühstücken. Sie hatte sich mit Corona infiziert und die Krankheit bereits hinter sich, konnte also niemanden mehr anstecken. Sie erzählte von den täglich bei ihr vorsprechenden Patientinnen und Patienten, die lähmende Angst davor haben, durch eine Infektion schwer krank zu werden oder zu sterben. Die Berichterstattung über Einzelschicksale erschwert ihnen eine realistische Einschätzung ihrer persönlichen Situation.

Für viele sind Angst und Panik eine schlimme Erfahrung. Und sie ist nicht kleinzureden. Es braucht Mut, sich in solchen Momenten nicht von den Medienberichten und den vielen anderen Stimmen, die uns zuraunen, was es alles zu befürchten gibt, lähmen zu lassen.

Immer wieder hat meine Freundin versucht, die Menschen, die voller Furcht in ihre Arztpraxis gekommen sind, durch Fakten zu beruhigen. Ihnen vor Augen zu führen, dass die Sterberate in Deutschland eher gering ist – sie liegt bei einem Prozent, vielleicht ist sie sogar noch geringer, weil viele Erkrankte symptomfrei bleiben, also gar nicht wissen, dass sie erkrankt sind.

Auch wenn es meiner Freundin nicht immer gelungen ist, den Menschen die Angst zu nehmen, war ihr Einsatz auch an dieser Stelle dennoch total wichtig.

Und ja, ich verstehe die Verzagtheit vieler Menschen angesichts der Krise. Ich kann mich hineinfühlen in die Lage einer Frau, die als Selbstständige bisher gut über die Runden kam, der aber nun ihr Einkommen von einem auf den anderen Tag völlig weggebrochen ist. Es gibt keine Rücklagen, die Lage sieht aussichtslos aus. Ich denke auch an eine Familie, die gerade ein Haus gekauft hat. Jetzt hat der Mann die Arbeitsstelle verloren – wie soll es weitergehen? Oder die alleinerziehende Mutter, die gerade so über die Runden kam, auch mithilfe der

Lebensmittel von der Tafel – jetzt sind die Einrichtungen geschlossen. Das ist wirklich schlimm! Das kann nicht schöngeredet werden. Aber wir können aufstehen gegen die Angst – mit Mut. Und ich glaube fest, egal wie düster es gerade für jemanden aussieht: Da werden Wege sein in die Zukunft. Nicht so, wie wir sie erhofft oder erwünscht haben. Aber sie werden da sein.

Ich denke, es geht in Krisenzeiten immer wieder vor allem um Er-Mutigung! Denn Mut bedeutet ja sich ein Herz nehmen. Beherzt zu reagieren, in einer schwierigen Situation einen Weg nach vorn zu finden. Wenn wir in eine Lebenslage geraten, die wir vorher nicht kannten, geht es auch um Wage-Mut, etwas Neues zu erkunden, uns in eine ungewisse Situation hineinzubegeben. Uns zu trauen, auch ungewohnte Wege zu gehen.

Nur Mut! Das habe ich in vielen Gesprächen, Interviews und bei Fernsehauftritten immer wieder gesagt. Nur Mut – wir können in der Krise bestehen und aus dieser Situation herausfinden.

Manchmal hätte ich mir auch mehr Mut gewünscht. Seit kurz vor Weihnachten wurde diskutiert, ob die reicheren europäischen Länder 4000 minderjährige Flüchtlinge aus den Elendslagern in Griechenland retten. Anfang März hieß es, 1500 könnten aufgenommen werden. Am Ende haben Luxemburg 12 und Deutschland 47 Kinder und Jugendliche aufgenommen. Das alles ist kein Zeugnis von Mut, sondern ein Zeichen von Angst und Verzagtheit. Die 47 Kinder sind in Hannover gelandet. Ich bin froh für sie. Aber auch traurig, dass es nicht mehr sein durften, obwohl genügend Städte in Deutschland bereit waren, solche Kinder und auch Familien aufzunehmen.

NACHDENKLICHKEIT Das fundamentale Wegbrechen aller Normalität innerhalb kürzester Zeit hat auch große Fragen mit sich gebracht. Und das ist gut so! Ein paar Beispiele: Darf ein Gesundheitssystem nur unter ökonomischen Aspekten bewertet werden? Mir scheint, viel zu lange wurde darauf gedrängt, dass sich alles »rechnen« muss.

Wie sieht es aus mit der Produktion nach dem Motto: Hauptsache billig? Ist es wirklich wichtig, dass vieles vor allem billig ist? Müssen nicht zukünftig wieder bestimmte Grundnahrungsmittel, Atemschutzmasken, Medikamente und manches andere, was wir in Krisenzeiten dringend brauchen, im Inland produziert werden, selbst wenn das teurer ist? Oder: Wer ist eigentlich »systemrelevant«, was sind die »Leistungsträger« in unserer Gesellschaft? Und was ist mit deren Bezahlung? Da besteht dringender Gesprächsbedarf! Interessant, dass auf einmal vielen bewusst wurde, dass wir

Erntehelfer brauchen, weil wir sonst kein Gemüse auf dem Teller haben. Plötzlich klaffte eine Lücke, die Landwirte schlugen Alarm. Die Grenzen waren dicht, aber dann konnten 80 000 Menschen aus Osteuropa eingeflogen werden. Und für Hartz-IV- oder BAföG-Empfänger hieß es: Wenn ihr beim Ernten helft, wird der Lohn dafür nicht auf die Bezugsleistung angerechnet. Auf einmal war manches möglich, was vorher undenkbar schien!

Die Schwachstellen der Gesellschaft, Europas und der Globalisierung werden sichtbar, wenn auf einmal deutlich wird, wer in prekären Situationen lebt.

Wie gut, dass wir Patienten aus Italien aufnehmen, wie sinnvoll, wenn es Finanzhilfen gibt! Was soll eine europäische Idee, wenn sie nur in guten Tagen trägt? Bundespräsident Frank-Walter Steinmeier brachte das Problem in seiner Ansprache vom 16. März 2020 auf den Punkt, als er sagte: »Viren kennen keine Staatsangehörigkeit.« In Italien hält die Hälfte der Bevölkerung die Mitgliedschaft in der EU inzwischen nicht mehr für sinnvoll, weil sie sich in der Krise von anderen Ländern, gerade auch von Deutschland, alleingelassen fühlten. Und in der Tat hat es lange gedauert, bis europäische Solidarität hörbar und sichtbar wurde.

Und ich frage mich: Wo bleibt eigentlich die viel gepriesene künstliche Intelligenz in solchen Zeiten? Sie sollte doch alles lösen, das Allheilmittel sein, mit dem wir die Zukunft gestalten. Offen gestanden, einem Computer möchte ich mich nicht anvertrauen, wenn es um existenzielle Fragen geht!

Eine junge Frau, die seit Jahren mit Depressionen kämpft, erzählte mir, sie fühle sich entspannter. Jetzt haben fast alle Probleme und Ängste. Sie hat den Eindruck, besser verstanden zu werden, dass andere eher nachempfinden können, wie es ihr geht, und sie nicht diejenige ist, die allein irgendwie »schräg« ist. Könnten wir solches Verständnis für Menschen mit Ängsten nicht mitnehmen in die Zukunft?

NÄCHSTENLIEBE Wie heißt es in der Bibel: »Liebe deinen Nächsten wie dich selbst!« (Gal 5,14.) Ich hatte den Eindruck, am Anfang der Krise geriet das zeitweise völlig aus dem Blick. Da wurde gehamstert, was das Zeug hält. Aber dann setzte doch etwas anderes ein, die Frage: Wie geht es anderen? Bundespräsident Frank-Walter Steinmeier sagte in seiner Ansprache vom 11. April 2020, diese Zeit sei »eine Prüfung unserer Menschlichkeit«. Das fand ich eine sehr gute Formulierung.

Wir müssen nicht weit gehen, um zu sehen, wo unsere Menschlichkeit gefragt ist. An allen Ecken und Ende klemmt es gerade. Nahezu überall braucht es ein offenes Ohr und eine helfende Hand. Alleinerziehende, Alte, Einsame, Kranke, Schwache, Menschen, die ihr Unternehmen oder den Arbeitsplatz verlieren – sie alle freuen sich über Zeichen der Nächstenliebe, eine nette Geste oder ein konkretes Hilfsangebot.

Viele Selbstständige sind in eine tiefe Krise geraten, weil sie ihr Geschäft für lange Zeit schließen mussten. Musiker, Schauspieler, Künstler können nicht auftreten, Sportvereine kommen wirtschaftlich ins Trudeln. Hotels, Ferienheime, Reiseunternehmen und Gaststätten hat es besonders hart getroffen. Zeitungen und Zeitschriften haben massiv Anzeigenerlöse eingebüßt. Die Aufzählung ließe sich schier endlos fortsetzen. Wenn ich wahrnehme, dass hinter jeder dieser Meldungen Menschen stehen, die am Verzweifeln sind, weil ihnen der Boden unter den Füßen wegzubrechen droht, wird klar, wie sehr wir alle gefordert sind, zu helfen und zu teilen, wo es nur geht. Direkt nebenan werden wir gebraucht. Und auch auf Internetplattformen gibt es die Möglichkeit, Angebote zur Unterstützung anderer zu machen.

Wie gut, dass Nachbarschaftshilfe an vielen Stellen großgeschrieben wird. Und nicht nur das. Da fragt eine Frau, die Lehrerin ist, ob sie die Monatsmiete für den Buchladen nebenan übernehmen kann. Ihr Einkommen ist nicht groß, aber sie teilt es. Das ist großartig!

Es liegt an uns. Und es kann klein beginnen, vielleicht mit einem Anruf bei der Tante, die einsam ist, mit einer Postkarte für den Kollegen oder einem netten Gruß und ein paar mutmachenden Worten, die wir der Nachbarin in den Briefkasten werfen. Das sind kleine Lichtblicke, die so viele brauchen – auch wir selbst.

RESPEKT Vor der Krise hatte ich den Eindruck, Respekt sei verloren gegangen. Da wurde herumgemotzt, und es wurden Bosheiten gestreut, als wollten Menschen sich in der Beleidigung anderer überbieten. Sicher ist das auch jetzt noch an manchen Stellen der Fall. Aber mein Eindruck ist: Es gibt auch wieder mehr Anerkennung für die Leistung unserer Mitmenschen, eine Achtung für diejenigen, die zu entscheiden haben – all die Politiker, Ministerinnen, Landräte, Bürgermeisterinnen, Ortsvorsteher. Wer vor Kurzem noch skandiert hat »Merkel muss weg«, ist inzwischen wahrscheinlich froh, in einem Land zu leben, das von ihr regiert wird. Und wer vor einigen Monaten applaudiert hat, wie einige im Fußballstadion ein unsägliches Banner mit der Aufschrift »Du Hurensohn« hochgehalten haben, ist jetzt dankbar, dass Dietmar Hopp – der damit beleidigt werden sollte – sein privates Vermögen in die Forschung nach einem Impfstoff gegen Corona investiert und dabei dem amerikanischen Präsidenten die Stirn bietet.

Wer gerade noch erklärt hat, »die da oben« hätten ja keine Ahnung, ist jetzt froh, sie zu haben. Aber es ist auch eine neue Qualität des Zuhörens zu erkennen. Jeden Samstag hat sich zwischen 10 und 12 Uhr beispielsweise im Radio, bei *NDR 1 Niedersachsen,* ein Politiker den Zuhörenden gestellt. Mal war es der Ministerpräsident, dann der Finanz-, Bildungs- oder Wirtschaftsminister. Mich hat beeindruckt, wie klar die Anrufenden ihre Lage schilderten oder ihre Frage formulierten. Und mir hat gut gefallen, wie intensiv die Verantwortlichen offensichtlich zugehört haben. Da wurde auch deutlich: Ja, manches haben wir bislang nicht bedacht. Danke für den Hinweis! Und es wurde zugesagt: »Ich werde dem nachgehen.« Das ist ein Signal für eine lebendige Demokratie! Solche öffentlichen Wählersprechstunden sollten wir beibehalten.

SEELSORGE   Manche Kollegin, mancher Kollege hat mir erzählt, dass sie selten so intensiv mit Gemeindemitgliedern im Kontakt waren wie in den letzten Wochen. Das alles hat jenseits öffentlicher Wahrnehmung stattgefunden. Aber es zeigt, wie wichtig es ist, in diesen Tagen für die Seele zu sorgen! Der Theologe Steffen Reiche hat einmal gesagt: »Seelsorge ist die Muttersprache der Kirche.« Das ist ein schöner Satz.

Aber es geht um mehr als ein ruhiges Zuhören und einen seelsorgerlichen Rat. Die Kirchen müssen widersprechen, wenn untersagt wird, in Heimen und Krankenhäusern Menschen zu besuchen. Klar, es muss Schutzkleidung und strikte Hygienemaßnahmen geben, damit das Virus sich nicht unkontrolliert ausbreitet. Aber wenn jemand in völliger Isolation stirbt, ist das unverantwortlich.

Ich selbst kann mir durchaus vorstellen, allein zu sterben. Aber für andere ist das ein unerträglicher Gedanke. Wäre ich als Seelsorgerin gebeten, an ein Sterbebett zu kommen, würde ich das selbstverständlich tun, auch in Coronazeiten. Der Staat mag Gottesdienste verbieten dürfen, solche Seelsorge aber nicht!

Es geht auch um die Freiheit, sich in Würde von Toten verabschieden zu können. Wenn jemand stirbt und es dürfen nur die nächsten Angehörigen auf einem Friedhof zusammenkommen, ist das eine zusätzliche Belastung für viele. Denn so ein Abschied, bei dem wir uns gegenseitig trösten und stützen, lässt sich nicht nachholen. Und es ist ohnehin schwer, einen Angehörigen zu Grabe zu tragen.

Damit nur wenige zu einer Beerdigung kommen, sind Traueranzeigen vielfach erst nachträglich erschienen. Mich hat das geärgert. Wo, wenn nicht am Grab, soll ich mein Beileid denn ausdrücken? Staatlich zu erzwingen, dass maximal zehn Personen bei

einer Beerdigung anwesend sein dürfen –
da regt sich in mir Widerstand.

Denn auf einem Friedhof ist viel Platz. Die Menschen in Deutschland zeigen sich sehr diszipliniert und halten Abstandsregeln ein. Wenn sie das in einem Supermarkt können, dann doch erst recht auf einem Friedhof! Trost durch Anwesende ist wichtig. Das Abschied-nehmen-Können – vom Vater, von der Schwester, vom Onkel oder von der Nachbarin –, das ist ein Grundrecht, denke ich. Unsere Seele braucht das.

SOLIDARITÄT Ich bin zutiefst überzeugt, wer solidarisch ist, führt ein glücklicheres Leben als andere. Ein Gleichnis, das Jesus erzählt, berichtet von einem Mann, der überfallen wurde und nun verletzt am Wegesrand liegt. Viele gehen an ihm vorüber. Einer aber sieht den am Boden liegenden Verletzten, hilft ihm auf, bringt den Mann zu einem Gasthaus und zahlt im Voraus für seine Pflege. Es wird nicht erzählt, dass er, der auch noch Ausländer aus Samarien war, von dem Verletzten Dank einfordert. Es ist schlicht seine Grundhaltung: Wenn ich kann, bin ich für andere da, die mich brauchen. Solche Menschen sind großartige Charaktere. Ich bewundere sie. Und ich bin froh, dass wir heute endlich klar wissen: Genau sie sind »systemrelevant«! Sie werden nicht eingeladen auf die Empfänge der Schönen und Reichen – all die Postboten, Altenpflegerinnen, Spediteure, Regalauffüller und Reinigungskräfte. Aber was wäre eine Gesellschaft ohne sie?

Martin Luther hat einmal gesagt, jeder Mensch habe einen Beruf, eine Berufung. Nie hätte er von einem »Job« gesprochen. Und alle diese Berufungen würden gebraucht. Der Fürst, der das Land regiert, sei genauso wichtig wie die Magd, die den Hof kehrt. Für uns bedeutet das: Wir brauchen die junge Professorin, die forscht, ebenso wie den Mann, der Regale auffüllt. Der Geschäftsmann ist ebenso wichtig wie die Hebamme. Wir leben gemeinsam in einem Oikos, einem Haus, und da geht es um Ökonomie, das gemeinsame Wirtschaften. In dieses Haus bringen alle etwas ein.

Wenn wir die Welt um uns herum mit diesen Augen betrachten, gibt es wesentlich mehr Wertschätzung für jede Arbeit. Und wir ordnen unser eigenes Tun besser ein: Wir überschätzen es nicht, aber wir unterschätzen es auch nicht. So kommen wir vielleicht am besten zur richtigen Balance.

Wer ein Miteinander lebt, ist am Ende zufriedener als der Egomane. Denn auch das beweist sich gerade: Zusammenhalt, Familie, Freundschaft geben uns Halt und Haltung, wenn Gewohntes zusammenbricht.

Gelingendes Miteinander: Ein Cafébesitzer hat gebeten, Gutscheine zu kaufen, viele haben das getan, es ist eine Art Kredit auf Zukunft. Und ein Blumenhändler in meiner Stadt schrieb eine WhatsApp-Nachricht an seine Kundinnen und Kunden: Bitte bestellt Blumen, sonst muss ich alle sieben Mitarbeiterinnen entlassen. Auch ich habe bestellt. Zwei Tage später stand der Blumenhändler vor meiner Haustür, überreichte mir die bestellten Sträuße und sagte zu Tränen gerührt: »Im Abstand von zehn Minuten gehen bei mir die Bestellungen ein. Alle Mitarbeiterinnen können bleiben, ich kann ihr Gehalt weiterzahlen.« Das zu hören war einfach schön!

TROST Viele Menschen haben Existenzängste. Wenn ich als Selbstständige nichts mehr verdiene, wovon soll ich leben? Wenn der Familienvater, der Hauptverdiener ist, seinen Arbeitsplatz verliert, wie sollen wir die Miete zahlen? Und was ist mit denen, die in der Zeit vor der Krise gerade neu aufgebrochen sind? Die ein neues Geschäft eröffnet haben, eine verheißungsvolle Stelle antraten – und dann kam direkt das Aus. Jetzt ist alles vorbei!

Wer ohnehin von Ängsten geplagt ist, den wird eine Herausforderung wie das Coronavirus leider noch mehr ängstigen. Mir ist wichtig, dass andere das ernst nehmen.

Trost bedeutet ja, dass wir jemandem in schwerer Zeit seelischen Halt und Zuversicht geben.

Die Coronakrise konfrontiert sehr viele mit ihrer Einsamkeit. Es gibt keine Ablenkung davon in solchen Zeiten. Gleichzeitig finden manche aber auch den Mut, sich zu äußern, sich jemandem anzuvertrauen, bewusst Zuspruch zu suchen.

Ich habe in den letzten Wochen und Monaten sehr vielen Menschen zugehört. Im persönlichen Gespräch, per Telefon oder indem ich ihre Briefe und Mails gelesen und darauf geantwortet habe. Mich erreichten immer wieder Mails von verzweifelten Angehörigen, die in Sorge waren, dass die Eltern oder Großeltern frühzeitig sterben. Nicht an Covid-19, sondern an der Isolation, weil die Einsamkeit ihnen den Lebensmut nimmt. Da gibt es viel Verzweiflung. Eine Frau schreibt mir, dass sie ihren Ehemann nicht besuchen darf, der mit Demenz in einem Heim lebt. Sie war die Einzige, die er noch erkannte. Nach wochenlanger Isolation wird das wohl nicht mehr so sein. Da ist der Kummer groß. Und es hilft nur: Zuhören, die Sorgen nicht kleinreden wollen, sondern ihnen Raum geben.

Mir tun Menschen unendlich leid, die derart allein und ohne Besuch sind. Ich denke, es muss möglich sein, die eigenen Angehörigen – selbstverständlich mit allen notwendigen Schutz- und Hygienemaßnahmen – zu besuchen.

Trost heißt auch treu sein, Menschen in solchen Situationen nicht allein zu lassen. Ja, die Lage ist ernst, und wir nehmen sie ernst, wie die Kanzlerin mahnte. Aber die Lage ist eben nicht hoffnungslos. Es wird eine Zeit nach Corona geben. Und wir helfen einander, bis dahin durchzuhalten. Auch das ist tröstlich.

UNSCHULD   Mir wurde mehrfach die Frage gestellt: Ist Corona eine Strafe Gottes? Das konnte ich gar nicht nachvollziehen. Und meine Antwort auf die Frage ist ein klares Nein! Ein Virus ist keine Strafe Gottes!

Warum nur denken Menschen so über Gott? Wahrscheinlich, weil sie einen Schuldigen suchen, einen Sündenbock. Das gab es schon in biblischen Zeiten. Und heute werden Krankenwagen in Spanien mit Steinen beworfen, weil Menschen Angst vor Infizierten haben. Menschen, die aus China stammen oder auch nur »asiatisch« aussehen, wurden bedroht. Donald Trump spricht von einem »chinesischen Virus« und streicht die Zahlungen an die Weltgesundheitsorganisation WHO, weil diese aus seiner Sicht versagt und nicht rechtzeitig gewarnt hat. An manchen Orten, auch in Deutschland, wurden Autos mit fremden Kennzeichen mit Steinen beworfen: Geht weg, bringt das Virus nicht zu uns! Sind andere schuld, entlastet das offenbar.

Manche denken vielleicht an eine Strafe Gottes, weil sie ein schlechtes Gewissen verspüren, bislang allzu unbesorgt und undankbar gelebt zu haben? Ihnen wird bewusst, sich nicht genügend um Mitmenschen und die Schöpfung gesorgt zu haben? Das könnte ja schon wieder hoffnungsvoll stimmen, dass es auf diese Weise zu einem Umdenken kommt, in der Zeit nach Corona. Gut, dass die Fridays for Future-Bewegung sich wieder zu Wort meldet.

Gott wird in der Bibel nicht als Marionettenspieler beschrieben, der mal hier eine Krebsdiagnose oder dort einen Tsunami schickt. Gerade die biblische Sintflutgeschichte, die so verstanden werden könnte, endet damit, dass Gott erklärt, nie wieder werde er zerstören. Gott sprach: »Ich will hinfort nicht mehr die Erde verfluchen um der Menschen willen« (1. Mose 8,21).

Der Regenbogen wird zum Symbol für diese Zusage. Da ist es ganz passend, wenn viele Kinder jetzt Regenbogen malen und die Bilder in die Fenster hängen, damit andere sie beim Spazierengehen sehen und zählen können. In meiner Nachbarschaft gibt es viele davon, und ich freue mich daran.

Jesus hat gezeigt, dass Gott Gutes für die Menschen will. Nicht Angst vor Strafe soll herrschen, sondern Geborgenheit, Zuwendung, Liebe. Hoffnung ist eine bessere Ratgeberin als Schuldzuweisung oder Angst. Bleiben wir also hoffnungsvoll, es geht nicht um Schuld! Niemand ist schuldig dafür, dass es ein solches Virus gibt.

VERANTWORTUNG Eine Berliner Ärztin schrieb mir: »Seit Beginn der Pandemie bin ich im Second Level der Corona-Hotline im Zweischichtsystem tätig. Das ist keine einfache Aufgabe. Es rufen etwa 5000 Menschen am Tag bei meinem Team an. Zunehmend werde ich von älteren Menschen gefragt: Frau Doktor, kann es mir passieren, dass ich von der Beatmung ›aussortiert‹ werde? Und werde ich dann sehr leiden?

Die Menschen sprechen sehr offen mit mir über ihre Angst, und es werden immer mehr, die Angst vor der Triage haben. Vor diesem Hintergrund möchte ich Sie fragen, ob Sie bereit wären, den Menschen etwas an die Hand zu geben …«

Wie dankbar können wir sein, dass wir in einem Land leben, in dem es hohe medizinische Standards und eine exzellente Ausstattung der Krankenhäuser gibt. Dass wir gemessen an der Einwohnerzahl über so viele Intensivbetten verfügen wie kaum ein anderes Land der Erde. Aber angesichts einer Pandemie merken auch wir, dass unser System an eine Grenze kommen könnte.

Wie soll man mit Situationen umgehen, in denen klar ist, dass die vorhandenen Mittel, Intensivbetten, Beatmungsgeräte oder Medikamente nicht für alle reichen? Das ist eine riesige ethische Herausforderung. Zum Glück haben Mediziner inzwischen gute Leitlinien entwickelt. Aber die Entscheidung nimmt ihnen keiner ab.

Ein älterer Herr schrieb dazu, er habe eine derartige Konfliktsituation erlebt, als seine Frau auf eine Herzoperation warten musste. Er habe das zunächst nicht verstanden, als aber klar war, dass eine junge Mutter vorgezogen wurde, wäre das für ihn selbstverständlich gewesen.

Ich ziehe bildlich gesprochen den Hut vor dem, was unsere Mediziner, Krankenschwestern und Pfleger leisten, und der

Verantwortung, die sie tragen. Zu wissen, dass die Gesundheit eines Menschen und vielleicht sogar dessen Leben von dem abhängt, was ich tue oder versäume, ist eine hohe Belastung.

Als Theologin kann ich hoffentlich Trost spenden und für die Betroffenen und ihre Ärzte beten, dass es gelingt, einen guten Weg zu finden, wie in der akuten Notsituation verantwortliche Entscheidungen getroffen werden können.

VERTRAUEN Was sind jetzt die richtigen Schritte? Das war und ist angesichts der Ausbreitung des Virus immer wieder die Frage. Als die Infektionswelle in China ausbrach, wurde das ganz offensichtlich lange Zeit vertuscht. Ärzte, die warnten, wurden mundtot gemacht. So wird eher Misstrauen gesät.

In Deutschland gab es offensichtlich großes Vertrauen in Virologen. Interessant, wie diese Wissenschaftler, die sonst selten wahrgenommen werden, auf einmal allüberall auf den Bildschirmen zu sehen waren. Keine Talkshow war mehr möglich ohne sie. Und auch wenn deutlich wurde, dass Virologen unterschiedlicher Meinung sein können, war doch offensichtlich: Das sind Menschen, denen wir vertrauen können.

Auch den politisch Verantwortlichen wurde größtenteils vertraut, dass sie nach bestem Wissen und Gewissen handeln. Je transparenter sie die Gründe für ihre Entscheidungen machten, desto größer war die Akzeptanz. Es war gut, dass die Bundeskanzlerin schlicht gesagt hat: »Es ist ernst, nehmen Sie es auch ernst«, und der Unterton war: Ich tue das auch. Mein Eindruck ist, dass die Menschen von da an sehr ernst genommen haben, was an Verhaltensregeln notwendig ist.

Ja, ich weiß, es gab und gibt auch Denunziantentum. Warum jemand die Polizei ruft, wenn drei Jugendliche sich treffen, kann ich nicht verstehen. Bei allem Ernst muss es auch möglich sein, dass sie mal »über die Stränge« schlagen. Disziplin ist gut, andere denunzieren ein nicht sehr sympathisches Verhalten.

Interessant war auch, zu beobachten, wie das Vertrauen in die öffentlich-rechtlichen Medien wuchs. Die Nutzungshäufigkeit von Nachrichtensendungen beim Fernsehen und dem Radio stieg deutlich. Das hat mich gefreut, gab es doch in den letzten Jahren immer wieder Angriffe nach dem Motto »Lügenpresse«!

Den höchsten Anstieg zeigte bei Umfragen das Vertrauen in Familie und Freunde, es stieg um zwanzig Prozent. Und ich hoffe, dass auch das Gottvertrauen gestiegen ist.

Es gab und gibt auch Vertrauen in die Aussage, dass tatsächlich jede Krise etwas Gutes hat. Alle haben das Beste aus der Situation gemacht, wenn sie die Möglichkeit dazu hatten. Viele Menschen haben das Joggen neu für sich entdeckt, als alle Fitnessstudios geschlossen hatten. Warum auf einem Laufband schwitzen, wenn ich in freier Natur Vögel zwitschern hören kann? In Berlin waren die Straßen so leer, dass tatsächlich Kinder ohne Angst mit dem Fahrrad unterwegs sein konnten. Viele frei lebende Tiere haben die Menschenleere für sich genutzt und sich ausgebreitet. Da gibt es schöne Geschichten von Füchsen und

Waschbären und Bibern, die die Abwesenheit von Menschen in den großen Städten nach Herzenslust genossen haben. Sie konnten darauf vertrauen, dass sie niemand stört oder aufscheucht.

VORFREUDE Zu wissen, da ist etwas, auf das ich mich richtig freuen kann, das beschwingt uns. Wenn wir etwas stark vermissen und hoffen dürfen, dass es wiederkommt, steigt die Vorfreude. So war es lange Zeit, monatelang! Und auf einiges warten wir auch jetzt noch, einfach weil es momentan nicht möglich ist. Olympische Spiele, Oktoberfest, Fußballspiele, Konzerte – alles verschoben!

Wie viele freuen sich auf den Kontakt zu lieben Menschen und das Treffen mit Freunden? Irgendwann dürfen wir uns über ein neues Miteinander freuen! So schön ist das, eine Hochzeit feiern zu dürfen, oder einfach nur einen Geburtstag. Die Nachbarn zum Grillen einzuladen oder auf ein Bier. »Ist das nicht toll, Leute, dass wir das können?« Sich in den Arm zu nehmen und zu sagen: »Wunderbar, dich nicht nur auf Abstand zu sehen! Wie gut, dass du da bist!«

Ob es verantwortbar und an der Zeit ist, sich zu treffen? Können das nicht Familien selbst entscheiden? Wenn die Großeltern, Kinder und Enkel sich an die Abstandsgebote halten, dann können sie aus meiner Sicht auch zusammenkommen, ohne sich gegenseitig zu gefährden!

Dass wir uns auf Besuche in Altersheimen und Krankenhäusern freuen – das war nicht immer so. Vermutlich wird es für eine ganze Weile nicht mehr als lästige Pflicht empfunden werden, sondern als ein großes Glück.

Wir haben gelernt, die Freiheit neu wertzuschätzen, dass wir gehen dürfen, wohin wir wollen, kaufen können, was wir möchten. Wie schön, Verwandte, Freunde und Bekannte spontan einzuladen, einfach so! Oder hierhin und dorthin zu fahren.

Die Krise hat etwas mit uns gemacht. Ja, sie hat Ängste und Sorgen ausgelöst. Aber ich bin überzeugt, wir werden dankbarer sein für das, was wir für lange Zeit für selbstverständlich gehalten haben.

Alle waren wir traurig, weil schöne Feste abgesagt werden mussten: Geburtstagsfeiern, Trauungen, Taufen, Konfirmationen. Wie schön, dass wir sie bald nachholen können, was für eine Vorfreude auf Feste gibt es! Und wie viele Kinder haben sich auf ihre Kita, die Schule und auf Spielplätze gefreut, wie auf Weihnachten!

Ich freue mich darauf, wieder mit meinen Enkelkindern unbefangen spielen zu dürfen, meine Freundinnen besuchen zu können, zu fahren, wohin ich will. Worauf freuen Sie sich? Machen Sie doch eine Liste der Vorfreude. Ich denke, es werden in diesen Zeiten kleine, realistische Ziele sein. Weil es schlicht um Vorfreude auf den Alltag geht.

WAHRHEIT Bei der Sendung *Kölner Treff* sagte eine junge Wissenschaftsjournalistin, die für den WDR alle Daten sammelt und beurteilt, ihr würden Fakten helfen, mit der Angst umzugehen. Das fand ich einen interessanten Gedanken. Denn es stimmt: Je weniger wir wissen, desto größer ist die Angst. Mich haben Mails erreicht von Menschen, die meinten, sie wären jetzt zu alt und würden deshalb »aussortiert«. Dagegen hilft nur, zu sagen: In Deutschland gibt es ein gutes Gesundheitssystem. Ja, es wurde gewiss zu viel auf Wirtschaftlichkeit geschaut in den letzten Jahren. Es wird hoffentlich eine Konsequenz sein, dass der Markt nicht alles bestimmen darf. »Daseinsvorsorge« kann nicht privatisiert werden.

»Angst ist kein guter Ratgeber«, hat Bundeskanzlerin Merkel einmal gesagt. Das stimmt sicher. Aber Angst kann auch hilfreich sein, wenn manche allzu sorglos sind. Es ist wichtig, sich an die Fakten zu halten.

Erkenntnisse über das Virus und notwendige Maßnahmen geordnet und leicht verständlich zusammenzustellen und den Menschen die Wahrheit zu sagen. Zum Beispiel, dass die Übertragung über Flächen nahezu kein Risiko darstellt. Oder ein bestimmter Sicherheitsabstand ausreichend ist – oder eben nicht.

Der Rechtsmediziner Prof. Dr. Klaus Püschel, der die in Hamburg Verstorbenen Covid-19-Patienten obduziert hat, sagte in der Sendung *Markus Lanz* vom 9. April 2020: »Wir müssen keine persönliche Todesangst haben.« Das fand ich einen sehr wichtigen Satz für Menschen, die ganz persönlich verängstigt sind, weil sie aufgrund der wahrhaft grausamen Bilder aus Italien, Spanien und den USA meinen, sie würden sterben, falls sie sich infizieren. Die Wahrheit ist: Gesunde Menschen ohne Vorerkrankungen sterben daran nicht. Wahrheit und Fakten nehmen die Angst, in der Tat!

Aber es helfen auch: reden, telefonieren, beruhigen. Mir ist wichtig, die Angst von Menschen ernst zu nehmen und ihr zu begegnen. Niemand sollte allein bleiben mit solchen Ängsten. Deshalb ist Social Distancing ein schlechter Begriff. Es geht um körperliche Distanz, die es braucht, um einander nicht anzustecken. Aber es kann viel soziale Nähe geben, indem wir einander am Telefon zuhören, WhatsApp-Nachrichten schicken, Briefe schreiben, Skypen, je nachdem, welche Medien angemessen erscheinen. Auch mit 1,5 Meter Abstand ist ein intensives Gespräch möglich!

Wir brauchen zwischen Panikmache und Realität eine klare Sicht. Ja, es gibt Infektionen auch in unserem Land. Eine weltweite Ausbreitung des Erregers ist Fakt, wir leben schließlich in einer globalisierten Welt. Aber Deutschland ist verglichen mit anderen Ländern der Welt gut vorbereitet. Es gibt ein Netzwerk von Kompetenzzentren und Spezialkliniken, Transparenz, ein Meldesystem, Pandemiepläne. Allein das zu wissen hilft, die Angst im Zaum zu halten.

WERTSCHÄTZUNG Wertschätzung ist wohl die Lektion dieser Tage. Ich stelle mir vor, dass Verkäuferinnen im Einzelhandel nie wieder angemotzt werden, denn wir wissen jetzt: Sie sind wichtig, damit »der Laden läuft« und wir ausreichend zu essen und zu trinken haben. Der freundliche Gruß an den Paket- oder Postboten, er wird eingeübt sein: Danke, dass Sie da sind! Die Pflegekräfte finden sich auf einmal unter den Top 100 der anerkanntesten Berufe Deutschlands. »Sie sind Pflegerin, wow, wie toll!«, heißt es voller Anerkennung, wenn Menschen zusammenkommen. Oder: Wie großartig, dass Sie für das Gesundheitsamt arbeiten! Und ich wünsche mir, dass die Verantwortlichen dies in absehbarer Zeit auch finanziell anerkennen.

In der Krise haben einige gemerkt, wie wenig Wertschätzung sie bislang für die Menschen hatten, die nie im Vordergrund stehen, meist wenig Geld verdienen, aber ohne die ein Land nicht funktioniert. Es entstand vielerorts der Wunsch, das auch auszudrücken, sichtbar zu machen. Beispielsweise hat die Bürgerstiftung Hannover Hunderte von Dankeschönpäckchen in Krankenhäusern verteilt, an Ärzte, Pflegekräfte, aber auch an das Reinigungspersonal. In den Päckchen waren neben Schokolade auch Gutscheine für drei Restaurants und zwei Theater, die so gleich noch mit unterstützt wurden. Eine tolle Idee, fand ich. Menschen spüren ihren Wert, wenn ihre Leistung geschätzt wird. Jeder wird im Gesamtgefüge gebraucht, damit wir alle miteinander gut leben können. Jede hat eine Gabe, die sie einbringen kann.

Wertschätzung habe ich auch für das Miteinander, das gewachsen ist. Da war gerade nicht Social Distancing, sondern ganz viel Nähe, Sorge füreinander, Fürbitte und Verbundenheit. Ich weiß sehr wohl, es gab auch anderes. Pflegekräfte aus Altenheimen wurden angegiftet. Es wurden Menschen beschimpft, die anderen zu nahe kamen. Es gab rüde Wortwechsel und Aggression. Aber die Frage ist: Worauf richten wir den Blick, was nehmen wir mit in die Zukunft?

Es geht aber auch um die Wertschätzung des Alltags, der Normalität. Ich denke, das Gefühl, wie gut es uns an vielen Stellen bislang ging und immer noch geht, das wird durch die Zeit der Krise enorm gewachsen sein. Es ist nicht selbstverständlich, so leben zu dürfen, wie wir es vor Corona getan haben.

In Deutschland geht es uns immer noch vergleichsweise richtig gut, trotz mancher Abstriche, die viele machen müssen. In vielen Ländern der Erde – ich würde sogar sagen in den meisten Ländern – leben die Menschen mit einem ganz anderen Lebensstandard als wir.

ZUVERSICHT Wie können wir zuversichtlich sein angesichts der Bedrohung? Wie können wir mit der Angst umgehen, die gerade vielen auf der Seele liegt? Was passiert, wenn weitere Infektionswellen das Gesundheitssystem an die Grenzen bringen? Wie wird es werden, wenn sich die Menschen im globalen Süden zu Hunderttausenden infizieren? Was ist, wenn ich selbst richtig krank werde? Und wie steht es um meine Freundin, die Asthma hat? Jetzt haben wir uns schon so lange nicht gesehen! Kommt mein Arbeitgeber in eine wirtschaftliche Notsituation, die dazu führt, dass ich entlassen werde – oder zukünftig deutlich weniger als bisher verdiene? Wann wird das endlich alles enden? Auf all diese Fragen gibt es derzeit keine endgültige Antwort. Aber wir können lernen, mit unseren Befürchtungen und Ängsten besonnen umzugehen. Wenn wir inneren Frieden finden, gewinnen wir auch Zuversicht, davon bin ich überzeugt. Langsam durchatmen und sortieren ist angesagt.

In der Bibel werden immer wieder Hoffnungsbilder entworfen, Visionen davon, wie es sein wird, wenn die Wüstenwanderung zu Ende geht, wenn die Verbannten zurückkehren dürfen, wenn Jesus den Sturm stillt. Solche Bilder verbreiten Zuversicht: Ja, es wird eine Zukunft geben. Ja, ich freue mich auf die kommende Zeit. Ja, wir werden uns wiedersehen.

Als Christin glaube ich, das wird auch der Fall sein, wenn jemand von uns sterben sollte. Dann, so heißt es in der Bibel, wird Gott mitten unter uns wohnen. »Gott wird abwischen alle Tränen von ihren Augen, und der Tod wird nicht mehr sein, noch Leid noch Geschrei noch Schmerz wird mehr sein« (Offb. 21,4). Das ist eine Zuversicht, die weit über unser Leben hinausgeht. Für mich ist es keine Vertröstung und kein billiger Trost, sondern ein Hoffnungsbild, dem ich mich anvertraue, wie es schon Generationen von Christinnen und Christen vor mir getan haben.

Deshalb müssen wir uns nicht nur gegenseitig wünschen »Bleibt gesund«, sondern können mit Gottvertrauen sagen: Wenn wir erkranken, hoffen wir, dass wir genesen. Und wenn wir nicht genesen, glauben wir, dass Gott uns hält – in diesem Leben und darüber hinaus.

Foto: © Julia Baumgart

Margot Käßmann, Jahrgang 1958, ist eine der bekanntesten kirchlichen Persönlichkeiten Deutschlands. In und nach ihrer Zeit als Ratsvorsitzende der Evangelischen Kirche in Deutschland gewann sie mit ihrer offenen und geradlinigen Art die Wertschätzung und Sympathien vieler Menschen. Sie ist Mutter von vier erwachsenen Töchtern und Großmutter von sieben Enkelkindern.

www.margotkaessmann.de

Alle Bibelstellen entnommen aus: Lutherbibel, revidiert 2017,
© 2016 Deutsche Bibelgesellschaft, Stuttgart

Besuchen Sie uns im Internet:
www.bene-verlag.de

Aus Verantwortung für die Umwelt hat sich die Verlagsgruppe Droemer Knaur zu einer nachhaltigen Buchproduktion verpflichtet. Der bewusste Umgang mit unseren Ressourcen, der Schutz unseres Klimas und der Natur gehören zu unseren obersten Unternehmenszielen.
Gemeinsam mit unseren Partnern und Lieferanten setzen wir uns für eine klimaneutrale Buchproduktion ein, die den Erwerb von Klimazertifikaten zur Kompensation des CO_2-Ausstoßes einschließt.
Weitere Informationen finden Sie unter:
www.klimaneutralerverlag.de

Überarbeitete Neuausgabe, November 2020
© 2020 bene! Verlag
Ein Imprint der Verlagsgruppe
Droemer Knaur GmbH & Co. KG, München.
Alle Rechte vorbehalten. Das Werk darf – auch teilweise – nur mit Genehmigung des Verlags wiedergegeben werden.
Lektorat: Stefan Wiesner
Cover- und Innengestaltung: Maike Michel unter Verwendung eines Fotos von Julia Baumgart
Druck und Bindung: CPI books GmbH, Leck
ISBN 978-3-96340-167-1